Jesus´ Tagebuch

Meine spezielle Danksagung gebührt der
Church of Certainty
und ganz besonders seiner Magnifizenz
Cardinalprefect Magnus 1.
für die mir vorbehaltlos gewährte Unterstützung bei der
Wahrheitsfindung um die Person Jesus.

Nisam AlGhasali

Dr. Nisam AlGhasali

Jesus' Tagebuch

Vom Kind der Schande zum verurteilten Übeltäter

Ein fiktives Tagebuch. Verfasst nach Textstellen vorhandener Evangelien.

Bibliografische Information der Deutschen Nationalbibliothek:
Die Deutsche Nationalbibliothek verzeichnet diese Publikation in der Deutschen Nationalbibliografie; detaillierte bibliografische Daten sind im Internet über: http://dnb.d-nb.de abrufbar.

Impressum

© 2008 Church of Certainty und Dr. Nisam AlGhasali
© 2008 Cover: Church of Certainty
Herstellung und Verlag: Books on Demand GmbH,
Norderstedt, Germany
ISBN 978-3-8370-0988-0

Prolog

Frankfurter Algenheime Zeitung: Säugling im Stall aufgefunden. Polizei und Jugendamt ermittelt. Der Vater, ein beschäftigungsloser Handwerker, und die minderjährige Mutter vorläufig festgenommen.

In den frühen Morgenstunden des gestrigen Tages, wurde die Behörde von einem besorgten Bürger alarmiert.
Als der 66jährige Dr. Walter W. nach einer Pädagogentagung den Heimweg bei winterlichen Temperaturen antrat und er an einem verfallenen Stall vorbeikam, vernahm er das Wimmer eines Säuglings. Er blickte durch einen Spalt in der Bretterwand und entdeckte mit Schrecken eine junge Familie, die offenbar mit ihrem Kleinkind in diesen menschenunwürdigen Verhältnissen hauste.

Den alsbald herbeigeeilten Polizeibeamten bot sich ein erschreckendes Bild der Verwahrlosung.
Ein Säugling, nur in alte Lappen gehüllt, lag in einem Futtertrog. Die minderjährige Mutter, Marjam J. saß mit ihrem beinahe dreimal so alten Lebensgefährten Joseph v. N. auf dem Boden des völlig verdreckten Stalles. Ihre kargen Habseligkeiten hatten sie in mehreren Plastiktüten in einem Einkaufswagen verstaut.

Zwischen einem alten Ochsen und einem klapperigen Esel kauerten einige Penner, die sich als Hirten ausgaben und drei gar seltsam gekleidete Ausländer.

Die Polizei übergab den sich in seinen Exkrementen wälzenden Säugling den inzwischen herbeigeeilten Beamten des Jugendamtes und nahm die Mutter und ihren Freund vorläufig fest.

Die sogenannten Hirten wurden wegen Verdachtes des Drogenmissbrauchs ebenfalls festgenommen, da diese felsenfest behaupteten, ein Mann in weißem Nachthemd und Flügeln am Rücken hätte ihnen aufgetragen, zu diesem verfallenen Stall zu gehen und einem Kleinkind zu huldigen.
Festgenommen wurden auch die drei Ausländer wegen Verdachts des Rauschgifthandels und Zollvergehens.
Innenministerium, Bundesgrenzschutz und Zoll ersuchen die Bevölkerung um Hinweise über die Herkunft dieser drei Ausländer, die offenbar illegal eingereist waren und auch keine Visa oder Aufenthaltsbewilligungen besitzen. Ja, sie haben überhaupt keine Ausweispapiere bei sich und bezeichnen sich selbst als „weise Männer aus dem Morgenland".
Sie waren im Besitz von nicht deklariertem Gold und mehreren unterschiedlichen chemischen Substanzen, von denen sie eine unter heftiger Qualmentwicklung abgebrannt hatten.
Diese streng riechenden Substanzen sollen nun, wegen Verdachtes des Rauschgiftmissbrauches, im kriminaltechnischen Labor untersucht werden.

Die minderjährige Mutter, die nach ihrer Geburt immer noch an starken Blutungen litt, wurde im Krankenhaus sta-

6

tionär behandelt und anschließend zur psychiatrischen Untersuchung gebracht, da sie – gegen alle ärztlichen Diagnosen – behauptete, sie wäre immer noch Jungfrau und der tatsächliche Vater des Babys wäre ein hebräischer Gott.
Da ein entsprechender Drogentest bei ihr negativ verlaufen war, kamen die Ärzte zur Ansicht, sie müsse unter Wahnvorstellungen leiden.

30 Jahre später:

Frankfurter Algenheime Zeitung: *Gestern trat der seit etwa zwei Jahren als Wanderprediger umherziehende Jehoshua v. N. (33) um die Mittagszeit in der Innenstadt von Frankfurt auf und predigte mit lauter Stimme von der nahen Endzeit. Um sich geschart hatte er eine kleine Truppe von etwa 12 Anhängern.*
Er forderte alle Zuhörer auf, sich von ihren Gütern wie etwa Auto, Wohnung, Sparbücher, Bargeld, Schmuck, Mobiltelefon, Armbanduhr, Brillengläser, Handtaschen und Zahnersatz zu trennen, ihren Beruf aufzugeben und ihm als Mitverkünder der Endzeit zu folgen. (Mk. 6. 8)

Jehoshua v. N. zieht mit einer wechselnden Anzahl von Anhängern bettelnd durch das Land.
Verweigert jemand das von ihm und seinen Jüngern geforderte Almosen, wird er beschimpft oder gar verflucht: „**Jenen, die kein Almosen geben, werde es schlechter ergehen,**

als den Bewohnern von Sodom und Gomorra", (Mt 10. 15) *droht Jehoshua v. N. Manche sehen dies als Nötigung an, andere sprechen gar von Psychoterror, und es gab deswegen schon mehrere Anzeigen, doch die Behörden haben bislang offenbar noch keine Strafen ausgesprochen.*

Gelegentlich zeigt dieser seltsame Heilige öffentliche Wunderheilungen, von denen aber Experten berichten, dies seien lediglich schlechte Variete´-Darbietungen. Teilweise würden diese Heilungen mit Hilfe seiner Anhänger ausgeführt, die sich als Fremde ausgeben, die zufällig vorbeigekommen sind und vorgeben, ein Gebrechen zu haben, alsbald jedoch als „geheilt" ihrem Wohltäter zujubeln.
Selbst Leichenerweckungen werden ihm nachgesagt. (Jh 11. 44)
Diese sollen einen ähnlich betrügerischen Hintergrund haben, wie seine Heilungen.

Jehoshua v. N. lehrt, man dürfe sich nicht scheiden lassen, man würde bereits zum Ehebrecher, wenn man eine andere Frau bewundernd ansieht (Mt 5. 28); *es sei nicht gut, Kinder zu zeugen* (Th 87), *die Sterne würden vom Himmel fallen, und er könnte ebenso Wasser zu Wein werden lassen* (Jh 2. 9), *wie er auf den Wellen des Main gehen könne.* (Mt 14. 25)
Ferner zweifelt er den Sinn verschiedener Gesetze an und fordert die Bevölkerung auf, diese Gesetze zu missachten.
Er sagte, man müsse seinen Eltern und Geschwister fluchen und dürfe die Verstorbenen nicht mehr beerdigen, (Mt 8. 22) *andernfalls man nicht in das von ihm verkündete Himmelreich käme, und er sei gekommen, um Krieg und Zwietracht zu säen.* (Lk 12. 49, 51 / Mt 10. 34)

8

Eine türkische Frau fragte ihn, woran man das Nahen der erlösenden Endzeit erkennen könnte. Darauf herrschte er sie an: **„Weib, was habe ich mit dir zu schaffen?"** *und:* **„Hebe dich hinweg, denn Weiber sind des Lebens nicht wert."** (Th 114)

Diese rassistische Aussage führte zu Tumulten in der Frankfurter Fußgeherzone. Mehrere Passanten erhoben drohend ihre Stöcke und Schirme und machten Anstalten, auf den offenbar verrückten Prediger einzuschlagen. Streifenwagen der Polizei erschienen mit Blaulicht und Martinshorn.

Doch ehe die Behörden nun einschreiten konnten, um die Ordnung wieder herzustellen, ergriff Jehoshua v. N. mit seiner kleinen Anhängerschar eilends die Flucht.

Der weitere Verbleib dieser Aufrührer ist ungewiß, und man spricht davon, daß sie sich bei Sympathisanten verborgen halten.
Einige der anwesenden Passanten berichteten, daß Jehoshua v. N. vor einigen Tagen in Köln eine große Anzahl von Zuhörern mit hartem Brot und verdorbenen Fischen speisen wollte. (Lk 9. 13)
Zum großen Glück schritten die Gesundheitsbehörden rasch ein, beschlagnahmten die verdorbenen Lebensmittel und sprachen eine ernste Verwarnung aus, ehe die Polizei diese nicht genehmigte Demonstration auflöste.

Man darf gespannt sein, wie lange dieser Unruhestifter noch ungestraft unsere Straßen unsicher machen kann, ehe die Behörden dementsprechend handeln und dieses aufrührerische Tun untersagen.

In diesem Zusammenhang mag es erwähnenswert sein, daß des Jehoshuas Mutter, die damals noch minderjährige Marjam J., vor etwa dreißig Jahren ebenfalls für nicht unerhebliches Aufsehen sorgte, als sie öffentlich verkündete, sie wäre ihrem damaligen Verlobten keineswegs untreu geworden.

Vielmehr hätte sie ein hebräischerr Gott – allerdings ohne ihre Zustimmung und ohne ihr Zutun – mit dem kleinen Jehoshua geschwängert, und sie hätte sich wegen diesem, von ihr absolut ungewollten Fehltritt nichts vorzuwerfen, da sie ja praktisch von diesem hebräischen Gott vergewaltigt wurde.

Diese kuriose Meldung verbreitete sich wie ein Lauffeuer in der internationalen Presse und sorgte weltweit für wochenlange Heiterkeit.

Mein Tagebuch

Heute war es wieder besonders arg.

Alle Kinder aus dem Dorf sind hinter mir her gerannt und haben mich einen Mamser (Hurenkind) genannt, weil meine Mutter als versprochene Braut geschwängert wurde, während mein Ziehvater oft abwesend war, da er beim Wiederaufbau in Zippori arbeitete.[1]

Ich habe ihnen ins Gesicht geschrieen, meine Mutter hätte die Probe mit dem bitteren, fluchbringenden Wasser vor dem Priester bestanden und damit eindeutig bewiesen, daß sie meinen Vater Joseph nicht betrogen hat. (Num 5. 11-31)
Doch die größeren Kinder lachten nur und riefen: „Das bisschen Bodenstaub in dem bitteren Wasser kann ja jedes Weib trinken! (Protevangelium des Jakobus / Num. 5. 11-31)
Gleichgültig, ob sie ein unzüchtigers Weib ist oder nicht. Das schadet nicht wirklich, das weiß doch jedes Kind! Und genau das hat deine Mutter auch gewusst, deshalb hat sie es auch unbesorgt getrunken. Sie hat gedacht, so bitter kann das Wasser gar nicht sein, daß es nicht allemal besser ist, es runter zu schlucken, als gesteinigt zu werden.

---

[1] (Sepphoris) 4 v. Chr. durch Quinctilius Varus zerstört, von Herodes Antipas neu aufgebaut, bis 19 n. Chr. Hauptstadt v. Galiläa, (danach Tiberias) wenige km nördlich von Nazareth gelegen, errichtet auf einer Anhöhe, überblickt das Bet Netofa Tal.

Und alle hier im Ort wissen, die Priester hatten deiner Mutter dennoch nicht geglaubt; und eure Familie hat daher für einige Zeit Nazareth verlassen müssen.. Angeblich wart ihr ja in Ägypten, doch das glaubt euch niemand. Womit hättet ihr denn auch die weite Reise und den Aufenthalt in einem Land, dessen Sprache ihr nicht versteht, bezahlen sollen?[2]

Euer Verschwinden hat euch jedenfalls nichts genützt, da hättet ihr für immer aus Nazareth wegbleiben müssen. Die Menschen vergessen nicht so leicht, du bist und bleibst ein Mamser, und deine Mutter ist eine Ehebrecherin!"

Der lange Jeremia, der böseste Knabe des Dorfes, pflanzte sich bedrohlich grinsend vor mir auf und sagte höhnisch: „Schon deine Mutter war ja ein gestohlenes Kind! Der greiser Bock Joachim,[3] dein Großvater, konnten keine Kinder zeugen, da haben sie ein Kind gestohlen. Und damit es nicht auffällt, daß es kein selbstgeborenes Baby ist und da es auch schon älter war, haben sie behauptet, deine Mutter hätte als Baby schon mit sechs Monaten laufen können.[4] In eurer Familie lügen ja alle!"

Und der kleine Nathan schrie: „Es ist auch interessant, daß deine Großmutter, die alte Anna, jahrelang kein Kind bekam und trotz ihres hohen Alters gerade dann angeblich schwan-

---

[2] Die Anfeindungen in Nazareth waren der wahre Grund der angeblichen Ägyptenflucht. Es gab nachweislich niemals einen von König Herodes angeordneten Kindesmord.
[3] Jakobus (Pev. Protevangelium (2. 4)
[4] Jakobus (Pev. 7. 1))

ger wurde, als ihr Mann, der alte Joachim, wochenlang weg war."[5]

Jeremias Freund Jakob, ebenfalls ein hinterlistiger Knabe, fügte boshaft hinzu: „deine Tante Elisabeth hat doch ebenfalls erst im hohen Alter angeblich ein Kind bekommen: Deinen Oheimsohn[6] Johannes.[7] Aber alle Welt weiß, Johannes war auch ein gestohlenes oder gekauftes Kind. Deshalb wurde dein seniler Oheim, der tattrige Zacharias, just zu dieser Zeit, angeblich stumm. (Lk 1. 22) Alle denken, diese Stummheit sei nur zum eigenen Schutz von ihm vorgegeben worden, damit er nicht zu dieser seltsamen Schwangerschaft befragt werden könnte oder er sich nicht im Weinrausch verraten würde."

Ich sah die beiden wortlos und verstört an und suchte nach einer Antwort, doch da fragte schon Jeremia neuerlich in scharfem Ton: „Und weshalb verbarg sich deine angeblich schwangere Tante Elisabeth für fünf Monate? (Lk 1. 24) Wohl doch auch nur, damit man nicht sah, daß sie gar nicht schwanger war! Und weshalb blieb deine unzüchtige Mutter die letzten drei Monate vor dieser angeblichen Geburt bei der Elisabeth und machte an deren Stelle die täglichen Besorgungen? (Lk 1. 56) Hatte deine Mutter denn selbst keine Hausarbeit, oder wollte sie nur vermeiden, Elisabeth würde ohne echten Bauch gesehen werden und damit ihre angebliche Schwangerschaft als Betrug entlarvt? Oder trachtete dei-

---

[5] Bartholomäusevangelium 1. 4 – Joachim verbrachte 40 Tage in der Wüste. Bei seiner Heimkehr war Anna schwanger (!) (auch Pev. 5. 2)

[6] Cousin

[7] den sie später den Täufer nannten

ne Mutter nur danach, ihre eigene Schwangerschaft zu verbergen? Ja, ja, ein sechzehnjähriges[8] Mädchen wochenlange allein im Haus kann schon auf schlimme Gedanken kommen und dann weiß es nicht weiter. Flieht zu Verwandten. Flieht vor der Schande und vor ihrem ahnungslosen Bräutigam. Eure ganze Familie besteht aus Lügnern, Betrügern und Ehebrechern!"

Und ein anderer Knabe rief: „Hat nicht der senile Zacharias, dein Oheim, großspurig angekündigt, dieses seltsam geborene Kind, welches sie gegen alle jüdischen Traditionen Johannes nannten (Lk 1. 59-63), wäre der lange erwartete Erlöser, der große Krieger, der ganz Israel aus der Unterdrückung seiner Feinde erretten werde? (Lk 1. 67-74) Wenn das tatsächlich so ein Wunderknabe ist, weshalb haben ihn seine Eltern dann weggegeben und in die Wüste geschickt? Das macht man doch nicht mit einem Kind, welches man angeblich auf wundersame Weise in so hohem Alter noch bekommen hat und auf das man derart stolz ist."

Ich wurde darob sehr erzürnt, denn ich wusste, alles was gesagt ward, entsprach der Wahrheit. Auch ich habe mich bereits gewundert, weshalb man Johannes, entgegen jeder Tradition, einen Namen gegeben hat, der in seiner Familie noch nie vorgekommen war und auch, weshalb er von seinen Eltern bereits in derart jungen Jahren weggegeben wurde. (Lk 1. 80) Fragt man sie danach, antworten sie stets, er werde im Geiste unseres Vaters im Himmel erzogen und alles sei zu seinem Besten. Oft denke ich, sie wollten das Kind nicht mehr und haben es verkauft.

---

[8] Bartholomäusevangelium 12. 3

Nun stand ich hier auf dem Dorfplatz und wurde mit all den finsteren Wahrheiten um unsere Familie konfrontiert. In meiner ohnmächtigen Wut und weil ich die Wahrheit nicht zugeben wollte, bewarf ich die anderen Kinder mit Steinen und lief davon, doch es waren derer zu viele. Sie holten mich ein, und mit Fäusten und Holzknüppel schlugen sie mich blutig.

Sie wollen nicht mit mir spielen! Wochen waren vergangen, seit sie mich derart beschimpft hatten, und ich hatte mich vor ihnen verborgen gehalten. Nun versuchte ich es mit den Sperlingen, die ich aus Lehm gemacht hatte und dann fliegen ließ.[9] Sie lachten aber nur und riefen: „Mit diesem miesen Trick hast du uns als Kleinkinder beeindrucken können! Heute wissen wir, daß du die Lehmvögel heimlich gegen richtigen vertauscht und diese dann fliegen lässt! Du bist ein Schwindler und Betrüger!"
Und abermals schlugen sie auf mich ein, und ich blutete aus der Nase.
Der Allerschlimmste jedoch war der Sohn des Annas. Er trat mit seinen harten Sandalen noch auf mich ein, als ich bereits auf dem Boden lag und lachte dabei. Er brach mir fast die Rippen, und ich hatte am ganzen Körper tagelang Schmerzen.

Jetzt sitze ich hier, starre in die untergehende Sonne und denke nach. Kein anderes Kind auf der Welt, meine ich, hat solche Probleme wie ich! Ich liebe meine Mama, aber es

---

[9] Kindheitsbericht nach Thomas (KnT) / Koran Sure 5. Vers 110

scheint, als sei sie verflucht vor den Menschen. Sie geht, demütig und geduldig, Tag für Tag ihren häuslichen Pflichten nach: kocht, wäscht, stillt meinen jüngsten Bruder und ist dem Vater Joseph ein gütiges Weib. Was wirft man ihr vor? Warum wirft man Schmutz auf unsere Familie?

Eines Tages werde ich reich und mächtig sein, dann werde ich es ihnen zeigen! Ich werde dieses jämmerlich Nazareth verlassen und ein König werden oder ...

Am heutigen Tage bot sich eine gute Gelegenheit zur Rache. Ich ging zum Brunnen, um Wasser zu schöpfen. Des Annas Sohn war da und hinderte mich daran, obwohl er bereits seinen Krug gefüllt hatte.

Er lachte und gab mir einen Tritt in den Bauch. Ich taumelte rücklings bis zum Brunnenrand, wäre beinahe hinein gestürzt. Tränen schossen aus meinen Augen. Er hingegen lachte meckernd.

Ich nahm das Seil mit dem eingeflochtenen Stein, welchen wir zum Beschweren des leeren Kruges benutzen, wenn wir diesen in den Brunnen senken, und schleuderte mit aller Gewalt diesen Stein – ihn am anderen Seilende haltend – drohend mehrmals um meinen Kopf. Immer noch lachte der Sohn des Annas höhnisch wie ein Kobold und versuchte nach mir zu treten. Da ließ ich den schweren Stein in unbändiger Wut gegen seinen Schädel krachen.

Es gab einen dumpfen Ton. Sein eben noch teuflisches Grinsen gefror zu einer Grimasse. Er stolperte einen halben

Schritt auf mich zu, stürzte auf sein Gesicht und rührte sich nicht mehr.

Auch gut, dachte ich, füllte meinen Krug mit dem bereits von ihm geschöpftem Wasser und kehrte zu meiner wartenden Mutter zurück.[10]

Nicht lange nach diesem Vorfall begegnete ich dem hinterlistige Jakob. Er ist gut einen Kopf größer als ich und er lässt keine Gelegenheit aus, mich ein Hurenkind zu heißen. Im Vorübergehen stieß er mich derart fest mit der Schulter, daß ich taumelte und beinahe stürzte.

Mit Tränen in den Augen und vor Wut bebend, rief ich ihm nach: „Du sollst deinen Weg nicht weitergehen, eher töte ich dich."[11]

Doch er lachte nur.

Ich habe keine Ahnung, wer mich wohl bei diesem Fluch beobachtet haben könnte.

Es war aber so, daß Jakob tatsächlich kurz danach verstarb.

---

[10] nach KnT ließ der kleine Jesus den verhassten Knaben verdorren.

[11] lt. KnT

17

Sie beargwöhnten mich schon wegen dem Tod des Annas´
Sohn, doch sie konnten nichts beweisen.
Obwohl ich jedoch an Jakobs Tod tatsächlich beinahe un-
schuldig war und vehement meine Unschuld beteuerte, prü-
gelten mich des Jakobs Vater und dessen Knechte mit knorrigen Holzprügeln wie einen Hund. Als ich mich bereits im
Staub wand und vor Schmerz brüllte, lief auch Annas herzu
und trat auf mich ein. Erst als mein Vater herbei eilte und
versprach, ein Lamm zu opfern, ließen diese brutalen Tiere
von mir ab.
Ich kochte vor Wut und sann auf Rache. Doch was konnte
ich schon gegen diese starken Männer ausrichten?

Aber meine Zeit sollte kommen: Sie hatten ihren toten Jakob ins Grab gelegt und saßen nun beim Wein zusammen.
Ich wusste, welcher Weinkrug als Nächstes geleert werden
würde.
Leise schlich ich mich an die Rückseite des Hauses, kroch
durch die Fensteröffnung zu den kühl gestellten Weinkrügen
und zerquetschte einige Schwarzbeeren, um den Saft in den
bewussten Krug tropfen zu lassen. Es war gut, daß ich wusste, wo man Schwarzbeeren finden konnte, und ich wusste
auch über deren schlimme Wirkung bei Schafen.

Wie erwartet, waren Annas und seine Knechte, sowie die Sippe des Jakob, für mehrere Tage blind und hatten schlimme Magenkrämpfe.[12]

Heute haben diese Männer ihr Augenlicht offenbar wieder erlangt, denn sie kamen, um mich erneut zu verprügeln, vielleicht sogar um mich zu töten!
Sie forderten meinen Vater Joseph auf, mit mir und seiner Familie das Dorf zu verlassen.
„Mein Sohn, geehrte Herren, kann niemals euren Wein vergiftet haben, denn er hat an dem Tage, von dem ihr sprecht, das Vieh gehütet und ist weit weg vom Dorf gewesen", beteuerte mein Vater. Murrend zogen die Männer ab, aber sie glaubten meinem Vater offenbar.

Am heutigen Tag, es ist der Tag vor dem Sabbat, konnte ich mich wieder etwas beliebter machen, obwohl es anfangs für mich nicht gut aussah und ich erwartete abermals Schläge.
Es spielten einige Kinder auf einem der flachen Lehmdächer des Ortes. Mich ließen, sie – wie immer – nicht mitspielen.

---

[12] KnT

Ich schaute ihnen zu und sah, wie der freche Zenon ausglitt und vom Dach fiel. Auf der staubigen Strasse blieb er reglos liegen.[13]

Alle anderen kletterten und sprangen von dem Dach herab und liefen davon. Ich aber wollte sehen, ob Zenon tatsächlich tot wäre.

Da kamen seine Eltern und schrieen, ich hätte ihren Sohn vom Dach gestoßen und ich würde allen Menschen des Dorfes Unglück bringen.

Da wurde ich richtig zornig, schüttelte Zenon und brüllte ihn an, er solle sagen, ich hätte ihn nicht hinunter gestoßen.

Sein Vater stieß mich beiseite, doch ich fasste Zenon erneut bei den Schultern und schüttelte ihn, bis sein Kopf auf und nieder fiel.

Und siehe da. Alsbald schlug er die Augen auf. Zögernd sagte er es allen Umstehenden, ich hätte ihm nichts getan.

Da lobten mich die Leute von Nazareth zum ersten Mal in meinem Leben und sagten, ich müsse einmal Arzt werden, weil ich den kleinen Zenon sogar vom Tode wiedererweckt hätte.

Und ich dachte: Vielleicht könnte ich gleichzeitig ein berühmter Arzt und ein großer König werden?

---

[13] KnT

Wenige Wochen später konnte ich mich abermals als „Arzt" beweisen. Ein Baumfäller hatte sich mit seiner Axt am Bein verletzt.

Er schrie vor Schmerzen, und die Wunde blutete stark.

Ich rannte zu ihm und presste einen Lappen auf seine Wunde und band seinen Gurt darum. Auch sprach ich ihm beruhigende Worte zu.

Alsbald hörte er auf zu stöhnen, seine Wunde blutete nicht mehr und er konnte weiterarbeiten.

Die Bewohner von Nazareth, die durch das Schreien des Mannes aufmerksam gemacht, herbeigeeilt waren, lobten mich und sagten, ich wäre von Gott Yahweh gesegnet.[14]

Ein verrücktes Volk, dachte ich: An einem Tag wollen sie mich töten, den anderen Tag erklären sie mich für gesegnet.

Dennoch, ich war ganz stolz auf mich, und Lob höre ich gerne.

Heute am Lunatag, wie die Römer sagen, konnte ich wieder zeigen: ich bin ein außergewöhnlicher Knabe.

Der alte Hewila kam mit einigen Brettern in die Werkstatt meines Vaters und hieß meinen Vater, daraus ein Bett zu zimmern.

Es war kurz vor der Mittagsrast, als ich meinen Vater lamentieren hörte, und ich fragte ihn: „Vater, was ist dir? Weshalb grämst du dich?"

---

[14] KnT

Und er antwortete: „Sieh her, dieses eine Brett ist zu kurz, und es sollte doch gleich lang sein wie das Andere hier."[15]

Immer noch verärgert, begann der Vater seine Mittagsrast zu halten. Er trank auch etwas Wein und schlief bald ein.
Ich schlich hinaus in die Werkstatt, legte beide Bretter übereinander, zeichnete das längere Brett mit einem Stück Holzkohle an und schnitt mit der Säge das vorstehende Stück ab. Nun waren beide Bretter gleich. Den frischen Schnitt beschmierte ich mit etwas Lehm vom Boden. Das abgeschnittene Stück versteckte ich.

Bald danach schlurfte mein Vater daher, um weiter zu arbeiten. Als er sah, daß nun beide Bretter die richtig Länge hatten, rieb er sich vor Verwunderung seine Augen, erfreut, doch auch ein wenig skeptisch, ob dieser plötzlich gleichen Bretter. Er rief: „Mirjam, Mirjam! Komm, sieh dir dieses Wunder an!"
Und alsbald kamen meine Mutter und einige andere Weiber gelaufen, um sich diese „Wunder" anzusehen.
Sie schüttelten die Köpfe und wunderten sich, wie über Mittag aus zwei ungleichen Brettern zwei gleiche geworden waren.
„Du hast vorher nicht richtig gemessen oder dem Wein zu sehr zugesprochen", sagte meine Mutter milde lächelnd zum Vater.
„Keines von beidem", beteuerte dieser. Letztlich verdächtigten sie natürlich wieder mich, ich hätte da erneut etwas angestellt. Doch als sie die Schnittstellen genauer untersuchten

---

[15] KnT

und fanden, keine davon sähe wie ein frischer Schnitt aus, wunderten sie sich sehr.

Natürlich erzählten sie es allen, es sei wieder etwas seltsames im Hause des Zimmermanns Joseph vorgefallen.

„Sicher ist der Jeshua schuld daran", munkelte man im Dorf. Ich bin in Nazareth der einzige Knabe, den jeder kennt und den keiner mag.

Immer wieder, wenn mein Vater etwas Geld gespart hatte, wollte er mich zu einem Rabbi bringen, damit ich lesen und schreiben lernen sollte. Armer Vater, er wusste nicht, daß ich mir das Schreiben der aramäischen Schrift bereits ganz gut selbst beigebracht hatte.

Ich sagte es ihm aber nicht, um ihn nicht zu kränken, denn er selbst hatte es nie gelernt.

Also, wieder einmal war es so weit, und er führte mich zu einem Schriftkundigen in den Nachbarort Nain.

Doch der Lehrer in Nain trug einen Ziegenbart, stank nach Knoblauch und Urin und schlug mich mit einem dicken Stab. Das eine gefiel mir nicht, das andere beleidigte meine Nase und das dritte tat mir weh.

Irgendwie – ich weiß wirklich nicht wie – stolperte der Lehrer über mein ausgestrecktes Bein und schlug hin. Als er sich nicht mehr rührte, ging ich heim.[16]

Die Kunde davon erreichte alsbald meine Eltern. Sie

---

[16] KnT

verboten mir, das Haus zu verlassen, da ich jedermann Unglück bringen würde.

Monde später versuchte mein Vater abermals, mich unterweisen zu lassen, und er gab mich erneut zu einem Rabbi nach Zippori.

Dieser war nett und freundlich, also offenbarte ich ihm, daß ich bereits aramäisch lesen und schreiben konnte und bewegte ihn dazu, mir etwas Griechisch beizubringen.

Meine rasche Auffassungsgabe gefiel dem Rabbi, und so ließ er mich gelegentlich anderen Schülern Thoratexte vortragen.

Diese waren davon aber wenig begeistert, und sie sprachen insgeheim: „Ist nun dieser Mamser Lehrer über uns?"

Und sie schlugen mich.

Der freundliche Lehrer wusste sich darob nicht zu helfen und brachte mich zu meinem Vater zurück und sprach zum Vorwand: „Er weiß schon alles, was es zu wissen gibt, er muss nicht mehr unterwiesen werden." [17]

Und mein Vater freute sich sehr.

Wie jedes Jahr zogen wir auch diesmal mit vielen Bekannten nach Jerusalem, um dort das Passah Fest zu feiern.

---

[17] KnT

Es regnete ohne Unterlass und es war kalt und sehr windig. Ich war froh, als das Fest endlich zu Ende war, und meine Mutter begann, unsere Sachen für die geplante Heimreise zusammenzupacken.
Leider hatte ich am Morgen des Rückreisetages im Spiel mit Jerusalemer Kindern die Abreise meiner Eltern übersehen. Meine Eltern wiederum dachten, ich sei schon mit unseren Nachbarn mitgezogen.

Ich war hungrig und versuchte, im Tempel von Jerusalem etwas von den geopferten Speisen zu erhaschen.
Ein weißhaariger Oberpriester ertappte mich dabei. Doch ich fing an, mich mit ihm über die Thora zu unterhalten, und diese Unterhaltung gefiel ihm dermaßen gut, daß er mich zu seinen Freunden brachte.

Hier traf ich den reichen Ratsherrn Joseph von Arimathäa. Viel später denke ich manchmal, er könnte auch gut mein leiblicher Vater sein, denn immer, wenn sein Name genannt wird, sehen meine Eltern sich so eigenartig an.
Obwohl er viel umherreist, lebt er in Jerusalem, geht da seinen Geschäften nach und ist auch oft im Tempel anzutreffen.
Dieser weise Ratsherr hörte mir nun zu, als ob ich ebenfalls ein Mann wäre wie er selbst. Er lachte nicht über meine Erklärungen der Schrift, nein, er stimmte mir in manchem zu. Er versteht mich! Er merkt, tief in mir verbirgt sich Grosses.

Da redeten wir immer noch, als meine Eltern in den Tempel zurückkehrten, um mich zu suchen, und ich schalt sie: „Was ist's, daß ihr mich gesucht habt? Wisset ihr nicht, daß ich sein muss, wo meines Vaters ist?" (Luk 2. 49)

Ich bin immer gerne in Zippori.[18] Es ist eine schöne, neue Stadt, und man sieht weit ins Land. Ich schlendere durch die Strassen und lasse das geschäftige Treiben auf mich einwirken.

Ich höre, wie sich zwei Weiber aufgeregt unterhalten: „Ich sage dir, Martha, man hat die Überreste von mehr als hundert kleinen Kindern gefunden. Das war sicher König Herodes, der um sein Amt bangte. Er hat ja auch die Pharisäer brutal verfolgt, weil sie einen Heiland[19] angekündigt haben, der ihn vom Thron stoßen sollte."

„Du bist eine Närrin, Ruth, der alte Herodes hat zwar seinen Vater und einige seiner Söhne töten lassen, auch eine oder zwei seiner Weiber hat er hingerichtet, doch was hätte er davon gehabt, kleine Kinder töten zu lassen? Bis die so groß gewesen wären, daß sie ihm hätten gefährlich werden können, wäre er doch ohnedies längst tot gewesen. Nein, meine liebe Ruth, ich habe auch von den Kindergebeinen gehört. Es war in Askhalon im Badehaus.
Da haben die Huren – und nicht der König – ihre männlichen Kinder getötet, während sie die Töchter aufgezogen haben, um aus ihnen wieder Huren zu machen! Das kann aber überall geschehen, selbst hier in Sepphoris."

Ich ging weiter um zu sehen, ob ich im Tempel mit einem Rabbi ins Gespräch kommen könnte.

---

[18] Sepphoris
[19] damit war nicht Jesus gemeint!

♦♦♦

Hier fehlen die entsprechenden Schriftrollen für den Zeitraum von beinahe zwanzig Jahren.

Die vorhandenen Aufzeichnungen berichten erst wieder aus einer Zeit, da Jesus bereits etwa 30 Jahre alt ist.

♦♦♦

In ganz Israel hat sich über die letzten Jahre eine Art Erlöserhysterie breit gemacht, und dieser Endzeitwahn hat offenbar auch meinen Oheimsohn Johannes angesteckt.
Er erscheint plötzlich, aus der Wüste kommend, in den Städten Galiläas (Lk 1. 80), ist in ein härenes Gewand gehüllt und gibt sich wie ein Nasräer.[20] (Num 6. ff)

---

[20] Diese haben ein Gelübde abgelegt und leben meist zeitbegrenzt als Asketen mit bestimmten Auflagen

Er zieht umher und tauft jene, die das glauben, was er so selbstbewusst verkündet. Dabei geht er aber nicht soweit, zu behaupten, er wäre der neue Messias. Das wagt er nicht. Zu viele dieser neuen Erlöser hat er schon am Kreuz enden gesehen.

Ich werde ihn nächstens aufsuchen, um mit ihm wieder einmal zu reden.

Ich habe den ganzen Tag mit Johannes verbracht. Er ist ein aufrechter Mann, doch daß er den Genuss von Wein verschmäht und selbst frische und sogar auch getrocknete Trauben ablehnt, macht ihn mir etwas suspekt.

Seine Ansprachen vor den Menschen sind eindrucksvoll, aber oft auch ziemlich aggressiv. Damit stößt er etliche seiner Zuhörer vor den Kopf und macht sich nicht wenige zu Feinden.

So rief er etwa den Versammelten zu: „Ihr Otterngezücht, wer hat euch versprochen, daß ihr dem göttlichen Zorn entrinnen werdet?" (Luk 3. 7)

Er erklärte mir, er könne von seinen Predigten und dadurch, daß er Taufen vollziehe, recht gut leben, jedenfalls in den Sommermonaten, denn im Winter würde niemand in den kalten Jordan steigen, um sich taufen zu lassen. Er habe – sozusagen – ein Saisongeschäft.

Johannes, man nennt ihn inzwischen den „Täufer", meinte, ich solle es ebenso machen. Er würde gerne in seinen Predigten darauf hinweisen, daß nach ihm ein Anderer, ein Mächtigerer kommen werde und mir so jene zuspielen, die bereits an seine Worte glaubten. (Mt 3. 11,12)

Er bot mir an, nur jenseits des Jordan, also im Gebiet Peräa, zu predigen, während ich das gesamte Gebiet westlich vom Jordan betreuen solle.

Ich sagte meinem Oheimsohn, ich wisse nicht, ob auch ich für solch ein Leben geschaffen sei und dachte bei mir im Geheimen: „Seine Ansichten entsprechen doch nicht meinem Weltbild!"

„Natürlich kannst du das auch", sagte er. „Man kann gut davon leben, den Leuten von der nahen Endzeit zu erzählen und muss nicht arbeiten."

„Das bedeutet aber doch, diese Leute anzulügen", erwiderte ich erstaunt, hatte ich Johannes doch stets als aufrechten Mann kennen gelernt.

„Du weißt doch selbst auch nicht mehr, als alle anderen selbsternannten Propheten."

Er lachte schallend über meine frechen Worte.

„Nein", antwortete er mir, „ich lüge nicht, ich bin davon überzeugt, die Erlösung ist nahe.Unser Vater im Himmel wird uns schon bald von der römischen Unterdrückung erlösen."

„Deine Überzeugung ehrt dich, doch hast du dafür Beweise? Etwas zu glauben, ist eine Sache, Gewissheit eine andere!", sagte ich etwas pathetisch – wie selbst mir schien. „Du versprichst deinen Anhängern die baldig Endzeit, doch diese kommt vielleicht erst in vielen hundert Jahren – oder nie. [21]

Sie erwarten doch ihre Freiheit noch in ihrem jetzigen Leben. Natürlich können deine Zuhörer nach ihrem Tod dich nicht mehr beschuldigen, du hättest die Unwahrheit gespro-

---

[21] Baldige Erlösung? – Seit mehr als 2500 Jahren warten die Juden bereits auf die „erlösende" Endzeit

chen, doch kannst du diese deine Behauptungen ehrlich vertreten?"

Am Ende dieses Tages habe auch ich mich von Johannes taufen lassen,[22] und – um die Umstehenden zu beeindrucken – kramte ich in meinem Kleid und ließ eine heimlich verborgene Taube fliegen. Ich hatte sie kurz zuvor am Felde gefangen, damit sie mir später als Speise dienen möge.
Diese Idee, aus Übermut geboren, hatte eine ungeahnte Wirkung auf die anwesenden Gläubigen.
Sie betrachteten mich ob diesen „Wunders" als eine von Gott Yahweh persönlich auserwählte Person.
Ich fühlte mich richtig wohl in dieser neuen Rolle und erkannte verblüfft, diesen einfachen Menschen könnte man wohl alles vorgaukeln. Das mit der Taube muß ich mir merken. Ich sehe schon, ich beginne Macht über das einfältige Volk zu gewinnen.

Heute habe ich über die Worte des Johannes lange nachgedacht. Ich saß unter einem Ölbaum und sah hinüber zu den fernen Bergketten des Hermon. Die warme Luft des frühen Sommers umschmeichelte mich, und die Vögel segelten weit

---

[22] Jesus war Jude und kein Gottessohn. Ein Gottessohn hätte nicht getauft werden dürfen. Einem Gott Sünden zu vergeben ist Gotteslästerung.

droben im Himmelsblau über mich hinweg. Etwas unterhalb des Ölbaumhaines führte die Strasse nach Kapernaum. Ich sah einige Gestalten vorüberziehen und hin und wieder einen Karren, dem ein Esel vorgespannt war.

Es muss schön sein, so immer weiter zu gehen von einer Stadt zur anderen, um den Menschen zu predigen, dachte ich. Aber nur als Wanderprediger durch das Land zu ziehen, erschien mir denn doch zu unbefriedigend.
Man müsste etwas tun – etwas möglichst großartiges, beeindruckendes – um den Leuten das Maul zu stopfen, die da immer davon redeten, man sei ein Kind der Unzucht.[23] (Mk6. 3)
Und ein Prediger, ein Seher, ein Rabbi gar, der wirklich anerkannt werden will, sollte eine Schar von festen Anhängern und Mitverkündern um sich haben. Wo Täubchen sind, fliegen Täubchen zu, ist eine alte Weisheit meiner Mutter.

Mit einer Schar von Jüngern würde ich nicht als Einzelperson auftreten und könnte meinen Worten gebührenden Nachdruck verleihen. Gleichzeitig hätte ich auf diese Art eine Garde zum Schutz vor gehässigen Ignoranten. Wirklich treue Anhänger würden mich auch nicht verhungern lassen und mich im Winter wärmen, wenn die Kälte über das Land zieht. Was aber noch wichtiger ist: Wenn ich ein Wunder tue, werden meine Freunde so heftig akklamieren, daß es den anderen Menschen noch bedeutender erscheint als es ohnedies schon ist.

---

[23] ... ist er nicht **Marias** Sohn? Nur wenn jemand unehelicher Herkunft ist, gilt er als Sohn der Mutter. Eheliche Söhne sind Söhne des Vaters.

Höchst interessant: In Nazareth geht die Kunde von Haus zu Haus, es habe ein Gekreuzigter am Schandpfahl in der Stadt Tiberias drei Tage überlebt. Man stelle sich vor: **drei Tage!!**
Der Gedanke an diesen Verbrecher lässt mich nicht los. Drei Tage und zwei Nächte. Wie war das nur zu schaffen in der Hitze des Mittags und in der Kälte der Nacht, ohne Wasser, ohne Brot und ohne sich bewegen zu können?
Es stimmt schon. Dieser Hingerichtete war ein Kämpfer gewesen, ein Soldat, der später zum Räuber und Wegelagerer verkam. Kräftig und ausdauernd wie er war, hatte er angeblich sogar für eine eventuelle Kreuzigung seinen Körper regelmäßig trainiert.
Die Schergen hatten ihm nicht die Unterschenkel gebrochen, damit er möglichst lange leiden möge. Er litt, und wie er litt!
Er soll geschrien haben wie ein Tier, bis ihm schließlich am dritten Tag die Kraft seiner Beine verließ und er, auf diese Weise seiner Stütze beraubt, hilflos an seinen Armen hing – durchzuckt von Muskelkrämpfen – bis er schließlich röchelnd dahinschied. [24]

In den nächsten Tagen musste ich immer wieder an diesen Verurteilten und sein außergewöhnliches Durchhaltevermögen denken.

---

[24] Durch Brechen der Unterschenkelknochen kann sich der Gekreuzigte nicht mehr abstützen, er hängt nun nur an den Armen, und dadurch führen Muskelkrämpfe oder Kreislaufversagen rasch zum Tod.

Sicher, er galt als Gekreuzigter den Menschen als verflucht, doch ich musste seine Leistung, sein Durchhaltevermögen uneingeschränkt bewundern.

Also kann **ein** halber Tag, oder im schlimmsten Falle auch etwas länger am Kreuz, nicht gar so schlimm sein und muss nicht zwangsläufig zum Tode führen.

Kann man sich wirklich auf eine Kreuzigung vorbereiten?

Könnte man eine Kreuzigung überleben? Wie stellt man es an, daß einem die Schergen nicht die Beine brechen? All diese Gedanken gehen mir im Kopfe herum.

D as neue Jahr ist noch jung. Ich fasse den Entschluss, mein Leben grundlegend zu ändern:

Ich will nicht länger das illegitime Kind einer leichtsinnigen Mutter sein.

Ich werde der Messias sein, von dem alle Juden träumen! Jawohl!

E s ist schrecklich mühsam und viel schwieriger als erwartet, diese meine neue Berufung als Messias. Wenn ich nur den Mund aufmache, um zu predigen, lachen mich schon alle aus. Ich muss weg von hier, weg von Galiläa und in eine Gegend, wo mich niemand kennt. Dort werde ich mir Jünger suchen.

Doch vorerst muss ich mit meiner Körperertüchtigung weiterkommen. Ich habe Arbeit immer verabscheut und deshalb nicht die rohe Kraft eines Bauern oder Kriegsknechtes.

Alle paar Tage hängte ich mich nun an die untersten Äste eines riesigen Nussbaumes und versuchte meine Armmuskeln zu stärken. Doch mehr als andauernde entsetzliche Schmerzen hat es mir bisher nicht gebracht.

Schwierig, schwierig, mein Leben als Prediger mit einem so hehren Ziel! Wie schafft es Johannes der Täufer nur, daß die Menschen ihn anerkennen? Weshalb habe **ich** keinen Erfolg? Bin ich denn nicht ebenso voll Enthusiasmus wie mein Oheimsohn Johannes?

Ich kam vom Jordan her, war voll des Geistes – doch leider jenem aus dem Weinkrug und zog mit unsicherem Schritt dahin. Irgendwann fiel es mir auf: Der Weg, den ich genommen hatte, wurde mir immer unbekannter. Beherzt ging ich dennoch weiter. Suchte etwas Bekanntes, einen markanten Punkt im Gelände, an dem ich mich orientieren könnte. Es dämmerte, wurde rasch dunkel. Ich ward zum Sterben müde, hatte nichts zu essen, und den leeren Krug hatte ich

auch schon vor langer Zeit weggeworfen. Langsam wurde mir bewusst, ich hatte mich in der Wüste verlaufen, ohne Essen, ohne Wasser und ohne Wein. Schrecklich! (Lk 4. ff)
In den Nächten war es bitterkalt, und der steinige Boden zu hart zum Schlafen.

In der zweiten oder dritten Nacht – ich hatte jedes Zeitgefühl verloren – wurde mir schwarz vor den Augen. Ich hatte eine Vision: Der Teufel erschien mir und sagte, ich möge aus Steinen Brot machen.
„Mir ist nicht nach Brot," sagte ich. „Ich will Wein!"
Aber der Teufel schaffte mir keinen Wein herbei. Statt dessen gaukelte er mir Reichtum und Macht vor. Wer braucht denn Gold, wenn er halb verdurstet ist? (Luk 4. 2 – 13)
Reisende Kaufleute fanden und labten mich anderntags, und ich erholte mich rasch.
Dieses mein Abenteuer erschien mir wie vierzig Tage gewährt zu haben, wiewohl ich doch weiß, daß es niemand in der Wüste länger als einige wenige Tage ohne Wasser aushält.

Mein Kopfhaar ist lang und mein Barthaar voll. Von meinem sonnenverbrannten Gesicht kann man kaum etwas erkennen.

Viele Monde bin ich durch das Land gezogen bis ich dessen müde ward.
So kehrte ich heute in meinen Heimatort Nazareth zurück und lehrte im Tempel, Gott Yahwehs Geist hätte mich er-

leuchtet und dieser hätte mich gesandt, um von der bevorstehenden Erlösung zu predigen. (Luk 4. 18)

Doch sie erkannten mich alsbald und fragten einander: „Ist das nicht des Josephs Ziehsohn? (Luk 4. 22) Woher kommt ihm das? Woher will er sein Wissen haben um uns die Erlösung zu verkünden?"

Und sie warfen mich aus dem Tempel, doch ich rief ihnen zornig zu: „Wahrlich, ich sage euch, kein Prophet gilt etwas in seiner Heimat!"

Auch der heutige Tag in Kapernaum war kritisch. Da war ein Mann, der kannte mich aus Nazareth und wusste um meine frühen Streiche und Untaten. Er hatte Wein getrunken und schrie: „Was willst du von uns, Jeshua von Nazareth? Du bist gekommen, uns zu verderben!"

Doch ich hieß ihm fest zu schweigen, gab ihm einen derben Stoss und warf ihn mitten unter die Umstehenden.

Da ward er still, und auch das Volk ward eingeschüchtert.[25]
(Luk 4. 34)

---

[25] später wurden erzählt, Jesus hätte einen bösen Geist aus diesem Trunkenbold vertrieben

Des anderen Tages traf ich abermals den Täufer Johannes und erzählte ihm von meinen Schwierigkeiten, Anhänger zu finden. Ich fragte ihn, wie er zu seinem Erfolg als Prediger und Täufer käme.

Lächelnd rief er zwei seiner Jünger und erzählte ihnen, daß auch ich von Gott Yahweh erwählt wäre, und sie von nun an mir folgen sollten.

Ich dankte Johannes und frage ihn einmal mehr, wie das nun weitergehen solle. Er selbst wäre doch Sohn eines Priesters, von seinem Vater Zacharias öffentlich als Prophet, Heiland und als Erlöser des jüdischen Volkes angekündigt worden. (Lk 1. 68)

Später war er jedoch von seinen Eltern zu einer Sekte, die in der Wüste lebte, abgeschoben worden. (Lk 1. 80)

Nun wollte ich von ihm wissen, wie er mit Predigten und Taufriten unser Volk von den Römern befreien werde, denn das sei es, was das Volk der Juden sich von einem Heiland erhoffe.

„Ach, weißt du, was mein Vater damals nach meiner Geburt im freudigen Überschwang geredet hat, darf man nicht so wörtlich nehmen", sagte Johannes zu mir, „ich bin nicht geboren zum kriegerischen Messias. Ich will versuchen, mit Sanftmut und Vertrauen auf unseren alleinigen Gott, den Juden ihren Haß auf die Unterdrücker zu nehmen. Was sollen wir Juden gegen die gewaltige Übermacht der Römer denn schon ausrichten? Wenn es unserem Vater, dem Allmächtigen im Himmel, gefällt, dann wird er uns schon erretten und wenn nicht – dann hat er seine Gründe, daß er uns in Knechtschaft belässt."

Ich dachte noch lange über diese seine Worte nach, denn sie schienen mir weise.

Einer von meinen neuen Jüngern, Andreas, der Bruder des Simon, führte uns zu jenem und hieß auch ihn, uns zu folgen. Nach einigen lauten Worten war Simon letztlich denn doch durch seinen Bruder davon überzeugt worden, sich uns anzuschließen.

Ich bin glücklich, oh Herr! Meine ersten drei Jünger!

Den nächsten Tag traf ich Philippus aus Bethsaida und nahm ihn ebenfalls in unsere kleine Schar auf.

Nicht lange währte es, und Philippus traf seinen Freund Nathanael und sprach zu ihm: „Wir haben den gefunden, von dem Mose und die Propheten berichteten."

Und Nathanel, die Prophezeiungen etwas kennend, antwortete: „Was kann aus Nazareth denn schon Gutes kommen? Wisset ihr denn nicht, daß kein Prophet aus Galiläa kommt?"
(Joh 1. 46)

Nun, Philippus konnte ihn zum Glück dennoch überzeugen und der beschäftigungslose Nathanel schloss sich zu meiner Freude unserer Gruppe an.

Bald konnte ich meinen Jüngern zeigen, welch „außergewöhnliche" Fähigkeiten ich besitze.

Es traf sich, daß wir in Kana zu einer Hochzeit eingeladen wurden. Dort hatten sie zu wenig Wein, und der Hausherr kam zu mir, um mich um Rat zu fragen. Ich war höchst erstaunt. Was dachte er wohl, was ich für ihn tun könnte? Wein regnen lassen?

Es waren sechs leere Krüge da, und ich besah diese. Just zu diesem Zeitpunkt erschien meine Mutter und fragte, was ich hier täte.

Ich war erbost, weil ich fürchtete, man würde mich als ihren Sohn erkennen und auch hier als Mamser beschimpfen. Also fuhr ich sie an: „Weib, was geht es dich an, was ich hier tue?" (Joh 2. 4)

So zurechtgewiesen, hielt sie die Knechte an, alles zu tun, was ich ihnen befehlen würde, und entfernte sich bescheiden. Nun, während ich die Knechte um Wasser sandte, teilte ich einiges vom vorhandenen Wein auf die leeren Krüge auf und hieß die Knechte dann, diese mit Wasser aufzufüllen.

Ich hatte das „Wunder" der Weinvermehrung vollbracht und trug dem Hausherrn auf, erst den guten Wein zu bringen und dann, wenn alle betrunken wären, den geringwertigen.

(Joh 2. 10) Und bald berichtete das Volk lachend von meiner wundersamen Weinvermehrung.

Ich zog nun schon einige Zeit wieder in Galiläa umher und traf alsbald die Fischer Jakobus und Johannes. Sie sind Brüder, und ich forderte sie auf, sich unserer Schar anzuschließen. Wir würden uns dem Himmelreich nähern, versprach ich ihnen.

Ihr Vater Zebedäus wollte sie nicht ziehen lassen. Er wollte nicht die ganze Arbeit allein machen müssen. Er versuchte, sie mit allerlei Argumenten und Vorhaltungen zurück zu halten, doch ich erzählte ihnen vom leichten Leben und dem Ruhm, den wir bei den Menschen ernten würden, und sie folgten mir letztlich gerne und mit großer Begeisterung, obwohl sie sich im bitteren Streit von ihrem Vater trennen mussten.

Nun sind wir schon eine beachtliche Gruppe, und gestern hatte ich wieder einen ganz großen Auftritt in dem Orte Chorazin.

Einer meiner Jünger, der ein zu kurzes linkes Bein hat und ein wenig krumm daher kommt, spielte einen schwer von Gicht geplagten Mann. Seine Haare und seinen Bart hatten wir mit Kalkmehl bestäubt, so daß er richtig alt und gebrechlich aussah in seinem zerschlissenen Gewand. Man brachte ihn auf einem Bettbrett, da er sich ja angeblich nicht rühren konnte, doch die Türöffnung der Hütte, in der ich predigte, war zu klein.

Natürlich hätte ich vor die Hütte treten können, um ihn zu „heilen". Es war aber wesentlich spektakulärer, den Lahmen auf seinem Brett durch die Decke des Raumes zu mir herabzulassen, wo ich ihn dann – ohne daß das gesamte Volk zusieht, wie ich Wunder wirke – ihn wunschgemäß „heilte"

40

und jener alsbald, nun Gott und mich lauthals preisend, sein Brett unter dem Arm, zur Türe hinaustreten konnte. (Lk 5. 25)

Der Effekt war überwältigend. Das Volk jubelte und pries mich als von Gott gesandten Heiler. Allerdings, etwas war nicht zu übersehen: Die Rabbiner steckten ihre Köpfe zusammen und blickten immer wieder gehässig zu mir herüber, bis meine herzu getretenen Anhänger ihnen die Sicht auf mich verstellten.
Doch dem maß ich keinerlei Bedeutung bei. Dazu fühlte ich mich viel zu erhaben. Außerdem kam mein Jünger, der den Gichtkranken gespielt hatte, zu mir und flüsterte:
„Siehe Herr, ich kann jetzt gerade gehen. Ich bin nicht mehr so krumm wie bisher."
Erstaunt sah ich: Er hatte tatsächlich Recht. Ich, Jesus von Nazareth, bin also wirklich ein Wunderheiler! Ein großartiges Gefühl! Auch wenn diese Heilung nicht ganz mit rechten Dingen zugegangen war, der Glaube an sie hatte dennoch etwas bewirkt, bei den Zusehern und bei dem angeblich Kranken. Also, was soll´s? Wenn ich „Wunder" tue, bringt man uns Speisen, und der Zweck heiligt bekanntlich die Mittel...

Wenn ich jetzt auch noch Tote erwecken könnte, wäre mein Ruhm grenzenlos.
Tote erwecken?
Das kann doch gar nicht so schwierig sein. Man muss nur einen scheinbar Toten in ein Grab legen – und schon kann ich ihn wieder auferwecken. An dieser Idee muss ich noch arbeiten.

Höchst interessant! Seit ich von Jüngern umgeben bin, sind meine Auftritte immer wieder ein beachtlicher Erfolg! Die Menschen sehen jetzt tatsächlich in mir einen Heiler und nehmen meine Predigten ernst. Ein absolut neue Erfahrung für mich. Sie begreifen langsam, wer ich wirklich bin.

In Gadara war wieder eine ganze Schar von Weibern, Alten und Kindern, mir nachgefolgt, die allesamt gesegnet werden wollten.

Das Lamento wurde mir beinahe zuviel, und ich bestieg einen Hügel, hoffend, sie würden mir nicht folgen. Doch meine Hoffnung wurde enttäuscht. Sogar die Hinfälligen unter ihnen klommen auf allen Vieren den Steilhang hinauf und bedrängten mich immer mehr.

Um mir etwas Luft zu verschaffen, hob ich die Arme, und sofort war alles Volk still. Meine Jünger bildeten einen weiten Kreis um mich, um mir den benötigten Raum zu schaffen.

Dann hub ich an zu predigen.

Ich erklärte ihnen, jene seien selig, die da blöde wären, denn sie seien zu dumm, um zu sündigen und kämen mit Bestimmtheit in das Himmelreich. (Mt 5. 3ff)

Alle lachten und merkten nicht, ich meinte genau sie.

Dann fuhr ich mit meiner Ansprache fort und erklärte, jene wären selig, die wenig zu essen hätten und auch jene, die zu schwach wären, sich erfolgreich zu wehren oder durchzusetzen.

Auch dieser Teil meiner Rede fand begeisterten Beifall, denn da begriffen sie, daß es um sie selber ging.

Ich redete noch eine ganze Weile und erzählte ihnen dann vom Gesetz der Väter.

Ich hatte unter den Zuhörern einige Weiber von Pharisäern entdeckt und dachte bei mir: „Siehe da, die wollen sicher spionieren, um ihren Männern Nachteiliges über mich berichten zu können."

Also sprach ich davon, ich sei keineswegs gekommen, irgend etwas an den Gesetzen zu ändern oder diese gar aufzuheben, sondern im Gegenteil, ich wäre gekommen, um zu erfüllen, was geschrieben steht. (Mt 5.17)

Dies war nun sicherlich nicht allen genehm. Denn meine Zuhörer waren einfaches Volk, und dieses rüttelt gerne an strengen Gesetzen.

Aber ich sagte ihnen, töten sei gegen das Gesetz, und ebenso sei Ehebruch verwerflich.

„Bereits jemand, der eines anderen Weib begehrlich ansieht, ist auf dem besten Weg, seine Ehe zu brechen", mahnte ich. (Mt 5. 28)

Das nahmen sie murmelnd zur Kenntnis.

Als ich aber anschließend erklärte, man solle nicht schwören und auch seine Feinde achten, schrieen dann doch etliche: „He, hast du nicht eben erst behauptet, du seiest nicht gekommen, die Gesetze zu ändern? Und nun willst du, daß wir das Gesetz der Väter schlecht achten und unsere Feinde lieben? Sprach doch Mose noch: „Aug um Aug, Zahn um Zahn!" (Ex 21. 24) Und: „Du sollst Gott deinen Eid halten!"

„Ja, ja!", rief ich rasch, meinen Fehler erkennend, „ich meinte damit lediglich, es sollte genügen und müsste natürlich für jeden rechtschaffenen Menschen eine Selbstverständlichkeit sein, die Wahrheit zu sagen, ohne großartige Eidesformel.

Das Gesetz schreibt doch vor, Gott den Eid zu halten, den er uns gegenüber geschworen hat. Das Gesetz bestimmt nicht, man möge selbst schwören."

Und ich fuhr fort: „Natürlich gilt das mosaische Gesetz Auge um Auge! Doch in Zeiten wie diesen, wo unser Land von Römern besetzt ist, kann es allemal besser sein, seinen Feind, den römischen Legionär, nicht gleich wegen eines groben Stoßes ebenfalls zu stoßen um dann wahrscheinlich von ihm getötet zu werden. In solchen Zeiten der Unterdrükkung ist es einfach vorteilhafter, etwas Toleranz zu üben", fügte ich etwas spöttisch lächelnd hinzu.

Viele meiner Zuhörer verstanden den Wink und grinsten ihrerseits.

„Die Gesetze Moses waren gedacht für eine Zeit, als wir ein freies und starkes Volk waren und deshalb sage ich: Das Gesetz soll nicht geändert werden. Doch die römischen Soldaten ebenso zu behandeln, wie sie uns behandeln, bedeutet den sicheren Tod! Habt ihr den tieferen Sinn meiner Ausführungen nun verstanden?"

Da stimmten alle zu, doch wenig später vernahm ich doch einige Stimmen, die da meinten: „Und doch hat uns Mose verboten, selbst eine Kleinigkeit zu ändern oder dazuzutun."
(Deut 13. 1)

Ich hatte einen Fehler souverän korrigiert, fühlte mich ob dessen gut und erzählte den Leuten noch einiges mehr.

„Ach ja, das finde ich auch ganz wichtig", begann ich und trug ihnen dann mit eindringlicher Stimme vor: „Wenn man Almosen gibt, dann ist es nur gottgefällig, wenn man es von Herzen gibt und ohne großes Getue. Man soll es im Verborgenen geben, ohne anderen zeigen zu wollen, wie großzügig man ist."

Und noch einen mir sehr wichtigen Punkt sprach ich an. Ich erklärte dem Volk, man solle nur für sich alleine beten. Ohne Zuhörer und ohne großartig im Tempel lauthals Gott anzusingen.

„Der Vater im Himmel sieht und hört seine Kinder, und es gefällt ihm nicht, aus seiner Anbetung und Verehrung ein öffentliches Spektakel zelebriert zu sehen." (Mt 6. 6)

Auch erklärte ich ihnen, man müsse seinen Nächsten ebenso behandeln, wie man gerne selbst behandelt werden möchte.

Ich weiß, kaum einer von diesen Menschen hat meine Botschaft verstanden. Sie sind doch von Fremden und auch von ihren Nachbarn stets geplagt, ja gar unterdrückt worden und sinnen ständig nach Vergeltung.

Genau dies ist auch der Grund, weshalb mein Volk seit seiner Fron in Ägypten einen Kämpfer als Erlöser herbeisehnt.

Moses, ja der war ihnen anfangs ein Erlöser, bis sich zeigte, er war nicht dazu fähig, sie an die Fleischtöpfe Palästinas zu führen. Also haben sie ihn ebenso getötet, wie er seinen Stammesbruder Aaron getötet hatte. (Num 20. 26)

Sie verscharrten Moses, und sein Grab wurde vergessen. Selbst der Titel „Erlöser" wurde ihm durch ihre Geschichtsschreiber aberkannt.

Die Priester wiederum haben ihr eigenes System, um die triste Lage und Hilflosigkeit unseres geknechteten Volkes zu erklären: Sie behaupten einfach, wenn das Volk nicht mehr sündigen würde, könnte es ihm besser gehen.

Schwachsinn ist das! Als ob persönliches Verhalten römische Besatzer veranlassen würde, unser Land zu verlassen! Wir können uns höchstens friedlich unterordnen, dann wird man uns auch friedlich leben lassen. Hoffe ich.

Ich wurde in meinen Gedankengängen jäh von einem Zuhörer unterbrochen. Dieser stand auf und sprach: „Jeshua, du sagst, wir sollen in Frieden leben und alle so behandeln, wie wir es selbst gerne hätten. Doch die verfluchten Römer schänden unsere Tempel und achten uns wie Tiere. Wie sollen wir dies alles erdulden ohne zu murren? Wie sollen wir diese unsere Unterdrücker so gut behandeln, wie du sagst?"

Da hub ich an und antwortete ihm, er hätte mich gründlich missverstanden. „Wer ist dein Nächster?", fragte ich ihn.

Er deutete auf den neben ihm stehenden Mann, einen Juden wie er.

„Du hast Recht", sagte ich, „du hast auf einen Mann deines Volkes gezeigt! Ich meinte mit meinen Worten, jeder Jude möge jeden anderen Juden anständig behandeln, auf daß gegenseitige Streitigkeiten uns nicht schwächten. Schon Mose hat uns die Tafeln mit den zehn Geboten gebracht. Alle diese Gebote gelten natürlich nur für uns Juden und wenn geschrieben steht, du sollst nicht töten, dann bedeutet dies, du sollst keinen Juden töten. Römer und andere Völker sind damit nicht gemeint. Wir müssen eine starke Einheit bilden und gegen die Eindringlinge fest zusammenhalten ohne uns gegenseitig zu schaden. Allerdings dürfen wir diese nicht provozieren, denn sie sind übermächtig und haben ihre Götter auf ihrer Seite."

Und dann schrie ich laut in die Menge: „Ihr sollt nicht denken, ich sei gekommen, den Frieden zu bringen. Nein, ich bin gekommen, das Schwert zu bringen!" (Mt 10. 34)

Die Menge raste vor Begeisterung. Genau nach diesen Worten hatten sie so lange gelechzt. Aber irgendwie hatten sie mich wieder nicht ganz verstanden. Oder verstand ich mich selber nicht?

Ich sprach noch eine lange Weile zu den Versammelten, bis sie schließlich, ermüdet vom Zuhören, durstig und hungrig wieder in ihre Heimatorte zogen. Allerdings nicht ohne meinen Jüngern irgendein Almosen zuzustecken.

Endlich waren sie alle hinweggegangen, und ich hatte meine Ruhe.

Ich betrachtete sinnend meine vom Staub grau gefärbten zerschlissenen Sandalen, mein ärmliches Gewand, das an meinem Körper hing wie loses Tuch und fühlte, ich war dem eigentlichen Ziel meines Weges noch allzu fern. Eine seltsame Traurigkeit überkam mich, eine Sehnsucht nach etwas Größerem, als ich selber war. Einem etwas, an dem ich mich messen konnte. Auch an meinen leiblichen Vater dachte ich oft in solchen Momenten. Wer mochte er sein? Wie mochte er sein?

Joseph, der simple Bauarbeiter und Zimmermann, der meiner Mutter ihren jugendlichen Fehltritt verziehen hatte und ihr eifrig weitere Kinder machte, war gut zu mir gewesen und hatte mich Friedfertigkeit gelehrt. Aber mein wirklicher Vater ist anders, das fühlte ich tief in meinem Inneren.

Heute habe ich einen Aussätzigen geheilt! Es war der absolute Wahnsinn: Das dumme Volk jubelte mir zu und merkte nicht, daß der „Aussatz" nichts anders als getrocknete Kalkmilch mit Kuhdung war, den wir einem schlafenden Betrunkenen über den Körper geschmiert hatten. (Mt 8. 1-4)

Anschließend hatten wir ihn dann als Aussätzigen bezeichnet, doch ich war gnädig und versprach ihn zu heilen.

Der Betrunkene war so verwirrt und eingeschüchtert, er glaubte es selbst und war ganz verzweifelt. Ist ja auch nicht einfach, aus seinem Weinrausch aufzuwachen und vom Aussatz befallen zu sein.

Ich machte einiges Aufhebens um seine Krankheit und niemand fiel es auf, als ich den „Aussatz" einfach erst mit einem nassen Lappen und dann mit einem ölgetränkten Tuch abgewischt habe.

Es ist so leicht ein Wunder zu wirken.

Obwohl ich um den Schwindel weiß, fühle ich mich trotzdem als Wunderheiler. Phantastisch, ich werde anerkannt und sogar verehrt. Niemand ist da, der mich wegen meiner unehelichen Herkunft beschimpft oder mich einen Säufer nennt. Ja, es kommt immer wieder vor, während meiner inszenierten Heilungen schreien Zuseher auf, die behaupten, sie hätten allein durch meine Anwesenheit ihre eigene Krankheit überwunden. Sie müssten nun nicht mehr zum Wundersee Bethesta[26] gebracht werden. (Jh 5. 2)

Ich fühle mich großartig. Vielleicht bin ich wirklich ein Heiler, oder etwa gar der erwartete Messias...

---

[26] See mit wundertätigem Wasser. In Jerusalem, nahe dem Schaftor gelegen.

Da kam auf dem Wege nach Kapernaum ein Hauptmann mir entgegen und bat mich, seinen Knecht gesunden zu lassen.
Er erzählte mir, sein Knecht, obwohl noch jung, würde starke Gelenksschmerzen haben und wohl an Gicht leiden.

Ich war überzeugt davon, der Hauptmann hätte seine Knechte recht geschunden, und dachte, jener junge Mann würde keinesfalls an Gicht leiden, bestärkte den Hauptmann jedoch in seiner irrigen Ansicht und trug ihm auf, seinem Knecht mitzuteilen, ich könnte ihn heilen, wenn er drei Tage ruhen würde und auf Gott vertraue.
Und tatsächlich, nach drei Tagen war der Knecht auf „wundersame" Weise wieder fähig zu arbeiten. (Mt 8. 5 - 12) [27]
Wir, meine Jünger und ich, aber aßen und tranken auf Kosten des Hauptmannes, der froh war, wieder einen gesunden Knecht zu haben.
Ich beanspruchte auch ein weiches Lager in seinem Hause, welches er mir – widerwillig, wie ich wohl merkte – denn doch gab, bis wir weiter zogen.

Als wir eines Abends nach Kapernaum gekommen waren, hatte ich der Schwiegermutter meines Jüngers Petrus aus Übermut und weil sie stets an mir etwas auszusetzen hatte, zerriebene Speiwurzeln in den Krug mit Trinkwasser ge-

---

[27] das Bibelwort: „... zur selben Stund .." wurde später eingefügt, um des Jesus´ angebliche Fähigkeiten, spontane „Wunderheilungen" vollbringen zu können, zu belegen.

mischt und – wunschgemäss – wurde ihr in der Nacht toten-übel. (Lk 4. 38, 39)
Natürlich holte man mich, sie zu heilen. Ich ließ mir jedoch reichlich Zeit, und als ich endlich bei ihr eintraf, erging es ihr schon sichtlich besser. Ich ließ sie eine große Menge (gutes) Wasser trinken, und nachdem sie das Gift aus ihrem Körper gespült hatte, konnte sie sich sogar wieder von ihrer Lager-stätte erheben und uns dienen.

Darob versammelten sich viele Menschen vor ihrem Haus, priesen das „Wunder" und baten mich, sie zu segnen.

Doch meine „Wunderheilungen" werden allmählich zu ei-nem Problem: Immer öfter werden mir auch richtige Kranke gebracht, angezogen von der Kunde, ich würde sie heilen. Ich gebe ihnen Zuspruch und legte ihnen meine Hände auf, doch – selbst wenn sie sich sofort besser fühlen – halte ich es für klug, mich möglichst rasch an einen anderen Ort zu be-geben.

Johannes der Täufer, mein Oheimsohn und Freund, wurde gefangen gesetzt und in die Festung Machaerus[28] an der ju-däisch–nabatäischen Grenze gebracht. Diese Festung gilt nach Jerusalem als der am besten befestigte Platz in ganz Palästina.
Der Narr hatte öffentlich König Herodes Antipas, den Te-trarch[29] von Galiläa, gemaßregelt. (Lk 3. 19,20)

---

[28] nach dem Historiker Flavius Josephus
[29] Vierfürst. Er teilte sich die Regentschaft des Landes mit drei anderen Fürsten.

Gewiss, Herodes – nachdem er sein erstes Weib verstoßen hatte – begehrte seine Nichte, die schöne Herodias, Frau seines Bruders Philippus[30] und nahm sie zum Weibe. Ebenso war er der Tochter seiner nunmehrigen Gattin, die ja nun seine Stieftochter war, mehr als zugetan. Wie liederlich!

Johannes hatte den doppelten und dreifachen Ehebruch des Herodes öffentlich angeprangert und verdammt, so oft er Gelegenheit dazu fand. Das musste Herodes ja eines Tages zu Ohren kommen und konnte nicht lange gut gehen.
Allerdings war dies nicht der alleinige Grund für die überraschende Festnahme.
Der Vater des verstoßenen Weibes des Herodes, der Nabatäerkönig Aretas, fühlte sich darob in seiner Ehre derart gekränkt, daß er gegen Herodes in den Krieg zog.
Herodes wiederum fühlte sich, angesichts des drohenden Kampfes mit Aretas, von der großen Anhängerschaft des Johannes bedroht und ließ diesen vor dem Kriegszug gegen König Aretas einkerkern.

Wahrscheinlich lässt Herodes den Johannes nach dem Kriegszug wieder frei, hoffe ich. Es wäre unklug von Herodes, Johannes zu töten. Es könnte genau das geschehen, was Herodes vermeiden möchte: Die enorme Anhängerschar von Johannes dem Täufer könnte sich zu einem Aufruhr zusammentun.

---

[30] auch genannt: Boetus = ohne Land

Sie werden Johannes wohl frei lassen, ihn mit einigen Geißelhieben bestrafen oder – im schlimmsten Falle – zur Abschreckung vielleicht sogar kreuzigen.

Nun, ich kann ihm in diesem Falle nicht helfen! Aber den Einen oder Anderen seiner Anhänger könnte ich nach seinem Tode wohl übernehmen, obwohl mich viele seiner Jünger für einen Scharlatan halten und mir – wenn überhaupt – nur in spärlicher Anzahl und eher widerwillig folgen würden.

Seltsam, dachte ich, wenn sie ihn tatsächlich töten sollten, ist er nicht weit gekommen, der so großartig angekündigte „Erlöser Israels". (Lk 1. 71)

Er hat auch überhaupt keine Anstalten gemacht, das Volk von der Unterdrückung zu befreien und aus der römischen Knechtschaft zu erlösen. Stattdessen hat er tatsächlich verkündet, er würde den Weg bereiten für einen Nachfolger, so als wüsste er, er würde nicht alt werden. (Jh 1.27)

Könnte ich nicht nach seinem Tod ...? Sollte ich nicht ...?

Der Gedanke ist verwegen, jedoch durchaus reizvoll.

Und wenn ich durchblicken ließe, er hätte für **mich** den Weg vorbereitet?

Nein, auch ich kann Israel nicht aus der Unterdrückung durch die übermächtigen Römer erlösen, aber ich kann den Grundgedanken des Johannes weiterspinnen und seine Bemühungen fortführen. Die von den Römern geknechteten Juden können nicht erlöst werden, jedenfalls nicht von mir. Jedoch kann ich ihnen allemal eine bessere Zukunft im Himmel versprechen, vorausgesetzt sie verhalten sich gottesfürchtig, glauben vorbehaltlos an meine Worte und geben mir und meinen Jüngern ausreichend Speis und Trank. Ich bin nur insofern ihr Erlöser, als ich sie vielleicht von der blödsinnigen Idee des Aufbegehrens gegen die Römer abbringen kann und sie dadurch vor einem schlimmeren Los bewahre. Gegen eine solche Übermacht gibt es keinen Widerstand, nur Ergebung in sein Schicksal. Aber diese Juden und die Menschen im allgemeinen kleben an ihrem falschen Stolz und lassen alle Hoffnung fahren, wenn man ihnen nicht wenigstens den Schein einer Freiheit vorgaukelt. So kann ich ihnen in diesen schweren Zeiten nur mit einer Freiheit im Himmel dienen – und damit habe ich nicht einmal gelogen. Wenn sie tot sind, werden sie frei sein. Das ist gewiss!

Ich weiß sehr wohl, das Volk schätzt den Johannes mehr als mich. Mich nennen sie Fresser und Säufer (Lk 7. 34) und Sohn einer Dirne. Aber **ich** bin in Freiheit, und Johannes wird möglicherweise sterben – vielleicht bald sogar! Wenn ihn Herodes aus taktischen Gründen nicht tötet, tut es eventuell sein Weib, die rachsüchtige Herodias.

Ich darf jedenfalls nicht in die Nähe des Leichnams von Johannes kommen, wenn es denn geschehen wird. Sonst könnte das Volk von mir verlangen, ich möge ihn auferwecken. Aber wie sollte ich das anstellen? Johannes der Täufer wird tot sein, wenn die Schergen des Herodes mit ihm fertig sind, richtig tot! Ein solches Wunder kann auch ich nicht vollbringen, und warum sollte ich? Werde ich nicht immer hinter ihm zurückstehen müssen, immer in seinem Schatten weilen, solange er am Leben ist?
Aber hat er nicht selbst gesagt, er bereitet nur den Weg vor für einen Nachfolger? Wenn ich dieser Nachfolger sein will, wäre es unklug, Johannes zu retten, selbst wenn ich es könnte. Ich werde also den Dingen ihren Lauf lassen und sagen, es sei Gottes Wille gewesen.

Meine ständigen Hängeübungen scheinen sich zu lohnen. Ich schaffe es bereits, mehr als eine halbe Stunde an den Armen zu hängen. Natürlich kann man sich so nicht lange mit den Fingern festhalten. Ich habe daher einen breiten Lederriemen um mein Handgelenk gewunden. Aber dieser wiederum schnürt mir die Adern ab, so daß ich ein kribbelndes Gefühl in den Händen bekomme und aufgeben muß.

Mit auf einem Querbalken aufgelegten Unterarmen schaffe ich sogar schon beinahe zwei Stunden. Ich esse maßvoll und habe wenig Körpergewicht, bekomme jedoch immer kräftigere Muskeln.

Es kam aber heute einer, der kniete vor mir nieder, legte meine Hand auf sein gebeugtes Haupt und sprach: „Guter Meister, ich möchte wissen, was ich tun muss, um das ewige Leben zu erlangen?"

Ich wusste wohl, er wünschte, er würde hier auf Erden ewiglich leben. Ich solle ihm dazu den richtigen Weg weisen. Also sprach ich zu ihm: „Nenne mich nicht gut. Niemand ist gut, als allein Gott (und der bin ich nicht). Wenn du die göttlichen Gebote kennst, die Mose uns gebracht hat, dann solltest du diese genau befolgen und auch dich von allen Gütern trennen. Gib sie den Armen – uns zum Beispiel – und folge mir. (Mk 10. 17 - 22)

Doch das wollte er nicht. Zu sehr hing sein verstocktes Herz an seinen Gütern. Uns wollte er auch kein nennenswertes

Almosen geben, obwohl er wohlhabend ist und ich dachte bei mir: „Den Menschen in Sodom ist es besser ergangen, als es diesem Geizhals ergehen wird. Er soll an seinen Gütern ersticken."

Zu meinen Jüngern jedoch sagte ich salbungsvoll: „Es ist leichter, daß ein Kamel durch ein Nadelöhr gehe, denn daß ein Reicher ins Reich Gottes kommt" (Mk 10. 25)

Da stand doch der Zöllner Matthäus bei seiner Zollstelle und klagte über sein eintöniges Leben. „Ihr habt es gut", sagte er. „So ungebunden und frei seid ihr, und ihr könnt dahin und dorthin ziehen, ohne jemandem darüber Rechenschaft abzugeben."

Wir redeten eine Weile, und er offenbarte mir seine Unzufriedenheit. Da bot ich ihm an, mit uns zu ziehen, sein sündiges Leben abzustreifen und gottgefällig auf das kommende Himmelreich zu vertrauen. (Mt 9. 9)

Als wir nächstens bei Tisch saßen und auch einige seiner Freunde, Zöllner wie er, anwesend waren, schimpften die Pharisäer, wir würden uns mit Sündern abgeben. (Mt 9. 11)

Sie verstummten allerdings rasch, als ich ihnen erklärte, sie, die Pharisäer, hätten nichts für der Zöllner Gottgefälligkeit getan, ich hingegen schon, denn ich würde Matthäus bekehren und als Jünger aufnehmen. Und überdies sagte ich ihnen, ich sei nicht gekommen für die Anständigen, sondern ich sei gekommen, um die Sünder zu rufen. (Mt 9. 13)

Das gefiel ihnen jedoch überhaupt nicht, und lauernd fragten sie mich, wie sie dies verstehen sollten? Ob ich damit meinen würde, jene, die sich gottgefällig verhalten würden und sich stets nach den Gesetzen richteten, würden mich nicht interessieren? Ob jene das Himmelreich nicht sehen würden? Nach meinen Worten würde ich mich nur für Sünder verwenden und denen den Weg ins Himmelreich zeigen! Wozu solle man also ein ordentliches Leben führen, wenn dies nicht zur Seligkeit führen würde?

Ich antwortete klug, wie ich meine: „Um die Rechtschaffenen muss man sich nicht sorgen, die kommen ohne weiteres Zutun in den Himmel, man muss sich um die Sünder kümmern, damit sie zum rechten Weg zurück finden".

„Nein, nein", rief einer der anwesenden Pharisäer, „du hast wörtlich gesagt, du seiest nicht gekommen für die Gerechten. Das bedeutet, diese haben keinerlei Vorteil von deinem Erscheinen. Ist das richtig, Jeshua?"

„Nein, dies ist nicht richtig, denn ich taufe auch die Anständigen, doch um die Sünder muss ich mich mit aller Kraft kümmern, denn die bedürfen meiner ganzen Aufmerksamkeit."

„Was redest du hier für Schwachsinn? Johannes und seine Jünger tauften, doch seit Johannes im Kerker ist, verlaufen sich seine Jünger und taufen auch kaum mehr. Und du, Jeshua, sage uns an, wann hast du irgend jemand getauft? Du läufst doch nur umher und erzählst widersprüchliche Geschichten."

Während wir noch so redeten, kam eine Hure, kauerte sich vor mir zu Boden und begann hysterisch zu weinen. Sie heulte derart, daß sogar meine Füße nass wurden und ich versuchte, sie weg zu stoßen.

Sie trocknete nun mit ihren Haaren meine Füße, was auch nicht angenehmer war, aber als sie ranziges Fett hervorkramte und damit begann, meine Füße zu fetten, reichte es auch dem Zöllner,[31] und er wollte sie verjagen.

Ich hielt ihn jedoch zurück, denn dies bot eine günstige Gelegenheit, ihn zurechtzuweisen. Also sprach ich zu ihm: „Was willst du? **Du** hast mir kein Wasser zur Waschung angeboten, dieses Weib aber hat mit ihren Tränen meine Füße gewaschen.Habe ich dir deine Nachlässigkeit vergeben, so vergebe ich auch ihr ihr Tun.“

Die Narren jedoch glaubten, ich hätte der Hure ihre Sünden (ihr sündiges „Tun“) vergeben. (Lk 7. 48)

Die Pharisäer aber waren es zufrieden, denn sie dachten, ich hätte auf die vorgeschriebenen Waschungen lediglich vergessen. (Lk 11. 38)

Sie haben meinen Oheimsohn Johannes den Täufer nicht gekreuzigt. Sie haben ihm im Kerker mit einem Schwert den Schädel abgeschlagen und diesen bluttriefend der Herodias gebracht.[32]

---

[31] dieser Zöllner war der Hausherr, bei dem sie sich zum Mahle versammelt hatten.

[32] Es ist sehr wahrscheinlich, daß die Herodias den Mord befahl. Für Herodes bedeutete der Tod des Johannes politische und taktische Nachteile, und als kluger Herrscher hätte er Johannes nach dem Kriegszug gegen König Aretas freigegeben oder auch im Kerker belassen, jedoch nicht **vor** dem Kriegszug getötet. Damit riskierte er einen nicht unerheblichen Aufruhr, und genau dies wollte er ja von Anfang an verhindern.

Nun waren dieses Weib und ihre Tochter zufrieden! Niemand hetzte mehr gegen ihre Orgien mit König Herodes.

(Mk 6. 28)

Ich werde mich hüten, den gleichen Fehler wie Johannes zu begehen. Sollen die Oberen doch treiben, was sie wollen. Was geht's mich an? Und übrigens, Politik ist nicht mein Geschäft, ich lehre die Juden, wie man Politik überlebt.

Mich selbst lehrt diese Hinrichtung jedenfalls eins: Wenn man mich einmal wegen meines Wirkens festnehmen sollte, muss ich im Vorfeld bereits alles daransetzen, dass eine dann unausweichliche Verurteilung in einer Kreuzigung gipfelt. Zu einem mir genehmen Zeitpunkt. Nur so ist eine Überlebensmöglichkeit vorstellbar. Ein verrückter Plan, das weiß ich wohl, jedoch mit einigem Glück kann man eine Kreuzigung überleben, davon bin ich überzeugt. Wichtig dabei ist, so kurz als nur irgendmöglich am Kreuz zu verweilen. Mit einem abgeschlagenem Kopf jedoch, hat man ja nun wirklich keinerlei Chancen auf eine eindrucksvolle Auferstehung. Ein Weiterleben nach solch einer Hinrichtung ist absolut unmöglich. Schrecklicher Gedanke, enthauptet oder gar gesteinigt zu werden!

Herodes konnte im Kampf gegen seinen erbosten Schwiegervater, den Nabatäerkönig Aretas keinen Sieg erringen. Es war wirklich unklug von ihm gewesen, den Johannes töten zu lassen. Es war zwar zu keiner Erhebung der Anhängerschaft gekommen, doch unter dieser waren auch viele Soldaten, die an Johannes geglaubt hatten, und diese verweigerten nun dem Herodes ihren Dienst. Mag sein, dies war mit ein Grund dafür, daß Herodes gegen Aretas unterlag.

Jedenfalls für uns Juden ist klar: Gott hat Herodes für den Mord an Johannes dem Täufer mit dieser Niederlage bestraft.

Und wieder wanderte ich mit meinen Jüngern ziellos umher, meist auf der Flucht vor den Pharisäern.

Wir haben inzwischen einige Weiber bei uns, die uns aus ihrer mitgebrachten Habe versorgen.

Die Marjam von Magdala ist jedoch besonders unangenehm.

Sie bildet sich ein, ich hätte sie gar von sieben Geistern geheilt, dabei leidet sie nur an Blödsinn.

Sie lacht auch dann, wenn andere trauern, will alles genau erklärt wissen und hält mich mit ihrem Gerede die halbe Nacht wach.

Mein Lieblingsjünger ist schon böse auf sie, da er fürchtet, sie könnte mich verführen. [33]

Es ist schön, wieder einmal mit einem vernünftigen Menschen zu sprechen.

Zufällig ergab es sich, das Joseph von Arimathäa den gleichen Weg nahm wie wir. Er ist Ratsherr, und ich kenne ihn schon aus meiner Jugendzeit.

Interessiert wollte er wissen, was meine Ziele wären.

Ich erzählte ihm, ich würden den Menschen von der nahenden Endzeit predigen, auf daß sie Einkehr hielten und zu Gott zurückkehrten.

„Du gibst also vor, ihr Erlöser zu sein?"

---

[33] Bartholomäus wird im gleichnamigen Evangelium von Jeshua sogar mehrmals als „mein Geliebter" angesprochen, was dessen Hang zu jungen Männern deutlich unterstreichen soll. (2. und 3. Abs)

„Nein, Herr, ich berichte ihnen, das Reich Gottes sei nahe, und daher möge jeder sein irdisches Los, ohne aufzubegehren, ertragen, denn nicht lange, und sie wären im Paradies. Vorausgesetzt natürlich – sie halten sich an die Gebote und trennen sich von irdischen Gütern. Und wenn sie damit Schwierigkeiten haben, nicht wissen, an wen sie alles verschenken sollen, dann sind wir ihnen gerne behilflich. Aus reiner Nächstenliebe natürlich."

Joseph von Arimathäa lachte und strich mit seiner knotigen Hand über seinen weißen Bart: „Ich verstehe, und indem ihr den leichtgläubigen Juden das Himmelreich predigt, bestehlt ihr sie?"

Er sah mein erstauntes und gekränktes Gesicht und fuhr fort: „Gut, ich weiß, die Priester machen es nicht anders, doch fürchtest du nicht deren Zorn?"

„Oh nein, wir nehmen ihnen ja nichts weg. Wir überzeugen lediglich jene Menschen, die von diesen eigensüchtigen Priestern ohnedies keinen vernünftigen Rat angenommen hätten, und nehmen dafür ihr Almosen dankbar an", erwiderte ich.

„Ob das die Priester auch so sehen? Fürchtest du nicht ihre Macht?" Joseph von Arimathäa schien echt besorgt.

„Kaum! Bis jetzt hatte ich immer Glück. Doch für den Fall, daß sie mich, wie all die anderen Heilande, kreuzigen wollen, sorge ich bereits vor", antwortete ich ihm geheimnisvoll.

„Interessant, wie kann man für seine Hinrichtung Vorsorge treffen?"

„Ich übe fleißig und kräftige meine Armmuskeln. Ich denke. man könnte eine Kreuzigung überleben, selbst wenn die Unterschenkel gebrochen werden."

„Du Narr, willst du auf Krücken und als Krüppel den Rest deines Lebens verbringen? Wenn du solch ein wahnwitziges Vorhaben tatsächlich im Sinne hast, musst du dafür Sorge tragen, daß deine Beine nicht gebrochen werden."

„Aber Herr, sie unterlassen doch das Beinbrechen nur dann, wenn der Verurteilte möglichst lange leiden soll. Ich hörte da von einem besonderen Fall: Der Verfluchte überlebte drei Tage am Schandpfahl! Und nach diesem tagelangen Leiden, verstarb er dann doch."

„Und du denkst, deine Arme wären so stark, du könntest dich halten, selbst wenn sie dir die Beine brechen würden? Und wie lange denkst du, könntest du dich halten, ehe Krämpfe deinen Brustkorb zuschnüren und du in höchster Atemnot ersticktest?"

„Herr, ich halte es mehrere Stunden aus, selbst mit gebrochenen Beinen, aber ich hoffe, es kommt nicht zu dieser Tortur."

„Gut, aber irgendwann müsstest du deinen scheinbaren Tod dann auch möglichst echt vortäuschen.

„Ich denke an nichts anderes. Doch werden sie, wenn ich auffällig früh den Eindruck erwecke, verstorben zu sein, mir sicher mit einer Lanze in den Bauch stechen um auf diese Art sicher zu stellen, daß ich tatsächlich tot sei."

„Ja, das ist übliche Vorgehensweise, doch wenn eine hochgestellte Persönlichkeit bei der Kreuzigung anwesend ist und den eingetretenen Tod bestätigt, könnte dies die Henkersknechte davon überzeugen, daß ein Bauchstich nicht nötig ist. Und du weißt, auch glänzende Münzen sind stets ein gutes Argument."

„Das klingt gut, Herr, doch welche Person von Rang würde sich für mich verwenden? Schließlich gelte ich dann als ein Gekreuzigter, vor Gott und den Menschen als verflucht."
„Nun, ich würde da schon jemanden kennen", sagte Joseph von Arimathäa geheimnisvoll ...

Wieder einmal habe ich meine Jüngern eindringlich davor gewarnt, meine Lehren **nicht** – und das betonte ich immer wieder – **nicht den Heiden zu bringen**, auch nicht den Samaritern. (Mt 10. 5, 6)
Sie sollten ausschließlich den im ganzen römischen Reich versprengten Juden – **und nur Juden** – meine Botschaft bringen.
Ich kann diesen meinen Willen den Jüngern nicht eindringlich genug verdeutlichen. **Ich will nach meinem Tode keinesfalls, daß Römern, Griechen oder sonstigen Völkern meine Worte verkündet werden.**
Unser Gott ist der Vater aller Juden, wir sind seine auserwählten Kinder, und er wird uns wieder zum großen und starken Volke machen. (Hes 37. 1-28)
Wir werden Vorbild für alle anderen Völker sein, und **wir** werden über alle anderen triumphieren und regieren. (Jes 14. 2)
Und merket wohl, dies ist mein ewiglicher Wille. Wer etwas anders behauptet,[34] gleichgültig ob gesprochen oder geschrieben – es ist Lüge.

---

[34] etwa christliche Priester (!)

Wie absurd und schrecklich, die Vorstellung, meine Jünger würden aus einem Missverständnis oder aus Bequemlichkeit, auch Nichtjuden meine Heilslehre verkünden!

Dies wäre auch äußerst unklug, und man würde sie dafür sofort töten, denn wie würde es sich für einen Römer anhören, dass unser Gott uns zu einem großen, starken Volk machen wird, welches über andere – zum Beispiel über Römer – triumphiert und regiert. Ein solches Wort in Rom zu Römern gesprochen wäre Hochverrat!

Ich kann es nicht oft genug wiederholen: Das Heil kommt von den Juden (Jh 4 22)

Aber **nur** für Juden !

Weite Wege haben wir hinter uns. Lange Strecken haben wir zurückgelegt. Das Wetter ist seit Tagen sehr schlecht, wir haben kaum zu essen, und die Leute hier in Galiläa lachen über mich und meine Reden.

Ich beschließe, an die Küste zu ziehen. Ich hoffe, in den Städten Sidon und Tyros wird es für uns besser werden.

Heute waren wir sehr lange unterwegs. Wir wollten nicht den beschwerlichen Weg über das Naphtali Gebirge wagen, denn wir fürchteten, bei diesem kalten und nassen Wetter auf den Felsen auszugleiten und in die Tiefe zu stürzen.

Also nahmen wir den leichten und sicheren, dafür aber beinahe dreimal so langen Weg um den Berg herum durch das Turan Tal.

Wir sind hungrig und erschöpft. Unsere Gewänder hängen schwer und nass an uns herab, und unsere Hände sind klamm von der Kälte, können den Wanderstab kaum halten. Das Schlimmste jedoch ist, ich habe keinen Wein mehr.

Endlich, das Wetter ist besser geworden. Frohen Sinnes ziehen wir unseres Weges.

Hinter uns erschallt plötzlich lautes Geschrei. Ich wende mich um, sehe ein altes Weib mit seinen Armen heftig winken. Wir bleiben stehen, lassen es herankommen.

Das Weib fällt vor mir auf ihr vom Leid der Jahre zerfurchtes Antlitz und zetert, ich möge ihre Tochter heilen.

Nun merke ich erst: Die da vor mir auf dem Boden liegt, ist keine Jüdin. Ohne jedes weitere Wort wende ich mich von ihr ab, weiche diesem jammernden Lumpenbündel aus und ziehe meines Weges.

Wie nicht anders zu erwarte, erhebt sich dieses lästige Weib vom Boden, flinker als man es ihr zugetraut hätte, und zeternd eilt es uns nach.

Ich ignoriere sie einfach und hoffe, sie werde irgendwann müde und heiser sein und ihre Belästigungen von selbst einstellt. Meine Begleiter aber reden auf mich ein und verlangen, ich möge ihre Tochter heilen, damit die Alte endlich Ruhe gibt.

Ich aber antworte ihnen, ich sei nur gesandt, die verlorenen Schafe Israels zu sammeln. (Mt 15. 24)

„Ein Weib, welches keine Jüdin ist, und ihre kranke Tochter gehen mich nichts an. Sie mag zetern so viel sie will", sage ich.

Wir zogen weiter. Hinter uns schrie weiterhin dieses fremde Weib, und meine Jünger drangen erneut darauf, ich möge ihr helfen, damit wir unsere Ruhe hätten.

Ich jedoch erklärte ihnen, diese Menschen seien keine Juden und daher ohnedies verdammt, und ich sei nicht dazu gesandt worden, Nichtjuden zu retten.

Die Alte aber fasste mich wimmernd am Kleid, ja sie versuchte gar mich aufzuhalten.

Und abermals warf sie sich vor mir auf den Boden.

Ich sagte ihr zum wiederholten Male, ich würde meine Fähigkeiten nicht an Weiber aus Kanaan vergeuden, und stieg über sie hinweg.

Da hatte sie die Stirn und fasste meinen Fuß, um mich zurückzuhalten. Beinahe wäre ich gestürzt! Erbost trat ich nach ihr, doch meine Jünger versuchten, mich zu beruhigen und rieten mir ihr zu helfen, dann würden wir endlich ungestört weiterziehen können.

Ja, dachte ich, es ist vielleicht das Beste. Ich breitete meine Arme aus und sprach salbungsvoll: „Ziehe an deinen Ort, Weib, deine Tochter wird gesund – noch zu dieser Stund'." (Mt 15. 28) [35]

---

[35] Parallele zu Mt 8. 5-13: ...zu derselben Stunde. (Fußnote Seite 49)

Überglücklich und unter schier endlosen Danksagungen kehrte die Alte um, humpelte zurück in ihr Dorf, und wir hatten unseren Frieden wiedergewonnen.

„Meister" sprach einer aus der Schar der Jünger, „wie machst du das? Du kennst ihre Tochter nicht, hast sie nie gesehen und machst sie dennoch gesund?"

„Das ist eben meine außergewöhnliche Kraft" sagte ich mit einem gewissen Stolz, aber heimlich dachte ich: Hoffentlich begegne ich diesem Weib nie wieder. Ihre Stimme ist so schrill, und wenn sie mir dann Vorhaltungen macht, ihre Tochter wäre gar nicht gesundet ... Ja, dann ist mein Ruf als Heiler zumindest etwas angekratzt.

Ich könnte dann nur behaupten, ich hätte ihre Tochter gesunden lassen, doch bis sie heimgekommen wäre, hätte ein anderer Dämon von ihrer Tochter Besitz ergriffen – das käme bei Nichtjuden häufig vor. Und ich könnte ihr nochmals eine „Fernheilung" anbieten, mit der Auflage, sie müsse sich nun eilen, um ihre Tochter vor weiteren Dämonen zu schützen.

Neulich hatte ich wieder etwas zuviel vom guten Wein getrunken, und meine Ansprachen vor dem Volk waren unkonzentriert, vielleicht sogar wirr.

Und als die Pharisäer von mir ein Zeichen forderten, sagte ich ihnen, ich werde wie Jona, der im Bauch des Fisches drei Tage und drei Nächte verbracht hatte,[36] ebenso lange im Schoße der Erde sein und wie Jona unbeschadet[37] erschei-

---

[36] und während dieser Zeit nicht tot war. Ebenso plante und verkündete dies Jesus.

[37] Falsch! Jesus verbrachte die Zeit im Grab nicht unversehrt, sondern schwer verletzt

nen. Und unwirsch erzählte ich ihnen, die Königin von Saba[38] würde beim letzten Gericht anwesend sein und ganz Juda verdammen. Auch das längst verschwundene Volk von Niniveh[39] würde erscheinen und Juda verdammen. (Mt 12. 40-42)

Die Schriftgelehrten hatten mich so wütend gemacht mit ihren blödsinnig bohrenden Fragen und dem beständigen Wunsch, ich möge ein Wunder setzen. Wozu? Ich habe doch schon derart viele Heilungen und Wunder bewirkt!

So fragten sie mich zum Beispiel, ob man Gott sehen könnte, und ich antwortete ihnen ärgerlich, es hätte noch nie irgendjemand Gott gesehen.
Sie heulten auf wie Wölfe und einer schrie: „Du lügst. Dem Isaak ist Gott erschienen; und er hat mit ihm gesprochen. Gott gab ihm den Auftrag, nicht nach Ägypten zu ziehen." (Gen 26. 2)
„Und was ist mit Mose, Aaron, Nadab, Abihu und den siebzig Ältesten Israels? Sie alle haben Gott gesehen", schrie ein anderer. (Ex 24 9-10)
„Du bist ein Hurenkind und Lügner!"
„Du bringst Unruhe in das Volk!"
„Du bist ein Aufrührer, der Lügen verbreitet, denn du kennst nicht die heilige Schrift", riefen sie alle durcheinander.
Wie eine Schar gackernder Hühner kamen sie mir vor, aber ihre Worte kränkten mich dennoch, und mit scharfem Ton wies ich sie zurecht: „Ihr wollt behaupten, ihr kennet die Schrift? Und wisset doch nicht, dass Gott zu Mose also ge-

---

[38] die Gegend des heutigen Jemen. Die Königin hatte angeblich den jüdischen König Salomon besucht. Allerdings als Heidin kann sie keineswegs über Israeliten richten,
[39] Hauptstadt von Assur, 612 v. Chr. durch Babylonier zerstört.

sprochen hat: „*Aber Mose du allein nahe dich dem Herrn und lasse jene* (die 70 Ältesten) *sich nicht nahen.*"
Auch sollten sie Gott nur von ferne anbeten. (Ex 24. 1, 2)
Und weiter wisset, Gott hat Mose am Berg gesagt, sein Angesicht könne kein Mensch sehen, ohne sterben zu müssen. (Ex. 33. 20)
Also **glaubten** die 70 Ältesten und Aaron, Nadab und Abihu sie hätten Gott gesehen, als sie irgend etwas glänzen sahen.
Oder denkt ihr, Gott sagt einmal, man dürfe ihn nicht sehen bei Todesstrafe, und ein anderes Mal zeigt er sich ganz unbekümmer?
Denkt ihr, Gott widerspricht seinen eigenen Worten, weiß später nicht mehr was er eher als Gebot verkündet hat?"

Gestern hielt ich dem Volk noch eine zündende Rede über einen sorglosen Bauer, der die Saat auch auf felsigen Boden streut, und letztlich erzählte ich ihnen vom Propheten Jesaja und erklärte ihnen, sie hätten mehr durch mich erfahren, als durch all die Propheten vor mir.
Ich glaube, ich brachte noch einige Gleichnisse, ehe ich mich weintrunken zur Ruhe begab, mit dem Bewusstsein, diesen Narren alles erzählen zu können. Und je sinnloser ein Gleichnis, je unverständlicher für diese einfachen Bauern und Handwerker, umso höher stieg ich in ihrer Wertschätzung. Manchmal glaube ich, sie hören gar nicht wirklich auf meine Worte. Es ist mein Pathos, den sie lieben. Wenn ich die Arme hebe und sie segne, werden sie stille. Meine Stimme übt auf die Menschen eine magische Wirkung aus. Ich weiß, meine Stimme klingt tief und voll, und ich wähle die

Worte meist sehr sorgsam. Ich predige besser als Johannes der Täufer, der dennoch mehr Erfolg gehabt hatte. Ich höre mir selber gerne zu. Und ich habe das Glück, daß meine Jünger ebenfalls schöne Stimmen haben. So stehen sie denn im Halbkreis hinter mir, wenn ich predige und singen melodisch mit ihren tiefen Männerstimmen einen Psalm, sobald ich ein Gleichnis beendet habe.

Andacht ist das Wort, das die Situation am besten beschreibt: Die Menschen sitzen andächtig da und staunen. Sie sind entrückt und würden alles glauben, was ich ihnen erzähle.
Manchmal gerate ich in eine Art Trance, bin außerhalb meines Körpers, stehe selbst in der Menge und höre mir zu, sehe mich die Arme heben, sehe mein weißes Gewand in der Sonne leuchten und glaube einen kurzen Moment, ich sei nicht von dieser Welt.
Aber, spätestens wenn die wenigen Münzen in unseren Bettelschalen klingeln, komme ich wieder zu mir, ergreife die Hände der Spender, halte segnend meine Hand über ihre Köpfe und lächle, denn mein Lächeln macht sie glücklich und mich müde.

Die Pharisäer bespitzeln mich argwöhnisch und ausdauernd. So wurde ihnen auch hinterbracht, daß wir am Sabbat Körner äßen, die wir aus Ähren vom Felde gestohlen hätten.
Daß wir gestohlen hatten, fanden sie nicht so schlimm, hungerte uns doch. Aber daß wir am Sabbat unterwegs waren und sogar „arbeiteten", als wir die Körner ernteten, das konnten sie uns nicht vergeben. (Mt 12. 1, 2)

69

Auch warfen sie mir vor, daß ich angeblich auf wunderbare Weise vielen Tausend Menschen Nahrung beschaffen könne,[40] ich und meie Getreuen jedoch aus Hunger Ähren stehlen mussten. Ein klarer Beweis dafür, daß ich ein Lügner und Betrüger sei.

Den nächsten Sabbat wollte ich abermals die Pharisäer provozieren und so ließ ich des Rubens Hand mit Kalkmehl bestäuben. Sie sah nun aus wie mit Aussatz übersät, und ich „heilte" ihn im Tempel. (Mt 12. 10)

Den erzürnten Pharisäern, die mich dafür tadelten, daß ich sogar am Sabbat Kranke heilte, rief ich zu: „Gott hat Gefallen an Barmherzigkeit, nicht an Opfern."

Sie aber riefen: „Das ist kein Gotteswort, das ist ein Spruch von Hosea und du bist ein Sabbatschänder und Gotteslästerer. Du musst sterben!" (Hos 6. 6)

Da merkte ich, ihre Wut war echt, und ich floh aus dem Tempel und aus Jericho.

Wir zogen von Judäa zurück nach Galiläa, und da mussten wir natürlich durch Samaria.

Die Jünger hatte ich ausgesandt, etwas Essbares in Sychar zu besorgen. Ich aber ruhte im Schatten eines Mandelbaumes, unweit des Jakobsbrunnens.

Mein Weinkrug war schon lange leer, und mich dürstete.

Ich begab mich mit unsicheren Schritten zum Brunnen, wo ein Weib Wasser schöpfte.

---

[40] Jesus speiste angeblich 9000 Männer, (Mt 14. 14 – 21 / Mt 15. 32 – 38) doch für sich selbst und seine Jünger konnte er keine Nahrung herbeischaffen.

„Gib mir zu trinken", forderte ich barsch das Weib auf und stieß dabei aus Unachtsamkeit mit meinem Krug an den Brunnenrand, sodaß der Tonkrug zerbarst.

„Du willst von mir zu trinken haben? Da ich doch ein samarisches Weib bin, und du ein Jude bist?"

„Weib, wenn du wüsstest, wer vor dir steht, so würdest du mich um lebendiges Wasser bitten." (Jh 4. 5ff)

„Womit willst du denn Wasser schöpfen, jetzt da dein Krug geborsten ist? Und wer du bist, Fremder, kümmert mich nicht."

Ich antwortete ihr ärgerlich: „Wer aus diesem Brunnen trinkt, den wird alsbald wieder dürsten, wer aber von dem Wasser trinkt, das ich ihm gebe, dem wird ewiglich nicht dürsten." (Jh 4. 13, 14)

Dieses samarische Weib jedoch lachte und rief: „Dann trink doch dein Wunderwasser. Wozu brauchst du dann Wasser von mir, wenn du solch ein Zauberwasser besitzt?"

Und schon eilte sie mit ihrem gefüllten Krug davon.

Erbost rief ich ihr noch nach: „Ihr aus Samaria könnt nicht errettet werden, denn ihr wisset nicht, wen ihr anbeten sollt.

Das merke wohl, Heil kommt nur von den Juden. (Jh 4. 22)

„Ja, ja, rede du nur", rief sie und entschwand.

Da saß ich nun, durstig und mit einem zerbrochenen Krug. Ich verfluchte mich selbst und ärgerte mich darüber, daß ich immer so große Töne anschlagen musste. Hätte ich bloß meinen Mund gehalten und artig um Wasser gebeten, ich hätte meinen Durst stillen können! Ärgerlich schlug ich mit der Faust auf den Boden, auf dem ich kauerte, und spritzte mich nun auch noch mit Schlammwasser an. Ich hatte in meinem Ärger die Lache neben mir gänzlich übersehen.

Wieder einmal predigte ich den Armen und Unterdrückten in Galiläa, sie mögen diese meine Bürde übernehmen und so damit ihr eigenes bitteres Los vergessen. Doch sie verstanden mich nicht und beschimpften mich wie ehedem, als ich in meinem Heimatland zu predigen begonnen hatte.

Ich erzählte ihnen, unser Vater im Himmel, unser alleiniger Gott, hätte den Klugen verborgen, was die Einfältigen durch mich gelehrt bekommen, doch sie verstanden mich wieder nicht und beschimpften mich abermals.

Wütend warnte ich die Einwohner der galiläischen Städte, es werde ihnen schlechter ergehen, als selbst den Sodomern, falls sie mich nicht anerkennen würden und nicht abließen – gegen meine Worte – ihr sündiges Leben weiter zu führen. Aber die Leute in Galiläa sind störrisch wie Esel. Sie wollen nicht verstehen! (Mt 11. 20 - 24)

Abermals versuchte ich in meinem Heimatort Nazareth zu predigen. Der Rabbi war mir gewogen, und ich durfte im Tempel zu den Nazarenern sprechen.

Doch wiederum hießen sie mich eines Bauarbeiters[41] Ziehsohn und einen unehelich geborenen Säufer.
Sie fragten sich gegenseitig, woher ich mein Wissen hätte, denn alle meine Geschwister würden ja auch nichts Besonderes sein und kaum aus Nazareth herauskommen.[42]
(Mt 13. 53 - 58)

---

[41] griechisch: tekton

[42] Hier wird in eindringlichster Weise deutlich: Niemand, auch nicht die nächsten Bekannten, hatten auch nur die geringste Ahnung, daß Jesus eines Gottes Sohn sein sollte.

Schließlich verjagten sie mich mit harschen Worten und festen Stöcken und schimpften hinter mir her.

Verbittert dachte ich: Anderswo hält man mich bereits für einen Gelehrten, einen Rabbi gar, auch einen Wunderheiler. Doch hier in Nazareth bin ich seit meiner Kindheit als Mamser[43] verachtet, und daran hat sich bis heute nichts geändert!

Zu allem Überfluss kamen meine Mutter und meine Brüder zum Tempel und wollten mir wieder einmal Vorhaltungen wegen meines unsteten Lebens machen. Meine Mutter setzte ihr vergrämtes Gesicht auf, das ich so sehr hasse an ihr, und meine Brüder zeigten verschlossene Mienen.
Ich schrie: „Wer ist schon meine Mutter, und wer sind schon meine Brüder? Sehet, meine Jünger, jene, die die Gesetze unseres Vaters im Himmel und die Gesetze des Mose befolgen, die sind meine Mutter und meine Brüder." (Mt 12. 48-50)

Ich griff mir einen Krug voll mit Wein und zog meines Weges, um mich irgendwo in Ruhe besaufen zu können. Nur meine Jünger verstanden mich und folgten mir schweigend.

Langsam reift mein Plan: Ich werde mich kreuzigen lassen! Ja, ich, der Mamser, der stets von allen in meinem Heimatort Verachtete. Ich werde ein Wunder an mir selber tun und von den Toten auferstehen! Sie werden es schon sehen, diese unverbesserlichen Zweifler!

---

[43] Kind der Schande, unehelich gezeugt/geboren.

Als ich wieder nüchtern war, kam mir der Plan, mich kreuzigen zu lassen, absurd vor, andererseits reizte es mich, immer wieder darüber nachzudenken. Gewiss, ich war inzwischen so weit, daß ich über zwei Stunden am Aste eines Baumes hängen konnte, ohne Krämpfe zu bekommen oder ohnmächtig zu werden. Die Arme auf einem Querbalken[44] gestützt und die Fersen auf einem Brettchen[45] ruhend, hielt ich es inzwischen noch viel länger aus. Ich konnte mich so in Trance versetzen, daß ich weder Hunger noch Durst verspürte, und kein Schmerz mehr in mein Bewusstsein drang. Meine Jünger halten mich wohl für verrückt, wenn ich meine Übungen mache, aber sie nehmen es hin, denn ich bin ihr Meister, und sie sind an meine Seltsamkeiten gewohnt.

Heute habe ich erstmals davon gesprochen, nach Jerusalem zu ziehen, um mit den Schriftgelehrten zu rechten.
Ich habe auch durchblicken lassen, dies sei nicht ungefährlich, und es stünde jedem frei, mich zu begleiten, jedoch, so versprach ich, sollte jemand um meinetwillen getötet werden, der würde ewiges Leben finden. (He, he, das ist immer gut!)
(Mt 16. .24, 25)

---

[44] röm: patibulum
[45] röm: suppedaneum

Ich denke, ich sollte nicht soviel Wein trinken. Gestern habe ich wieder ein Gleichnis von mir gegeben, vor dem mir heute schaudert. Wenn die Zuhörer nicht so einfältig wären, hätten sie mitbekommen müssen, wie unbedarft meine Worte waren:

Wie kann man seine Herde schutzlos den Wölfen ausliefern, nur um ein einziges Verirrtes zu suchen? Und dann noch meine Aussage, der Hirte würde sich über das eine wiedergefundene Schaf mehr freuen, als über die neunundneunzig anderen! Und was, wenn sich die restliche Herde inzwischen ebenfalls verlaufen hätte? Wenn sie Diebe entdeckt hätten, Raubtiere? (Mt 18. 12 – 14)

Es muss wirklich der Zauber meiner Stimme und die Macht meiner Persönlichkeit sein, die Hirten – und das sind viele meiner Zuhörer – dazu bringt, zu diesen meinen Worten gläubig zu nicken. Ich weiß selbst nicht, was mir – leicht trunken wie ich war – da eingefallen ist. Denn was soll mir das eine Schaf, wenn ich dabei eine ganze Herde verliere? Vielleicht aber sind sie alle so beeindruckt von meinem Gleichnis, weil jeder von ihnen glaubt, er selbst sei mit dem verlorenen Schaf gemeint. Sünder, wie sie alle sind.

Aber so ist es mit dem Wein. Er vernebelt einem das Hirn und die Gedanken. Manchmal bringt er mich dazu, wirkungsvolle Worte zu finden, manchmal kommt nur Widerspruch heraus.

So erzählte ich gestern dem Petrus, er müsse selbst einem unverbesserlichen Menschen vierhundertneunzigmal vergeben. (Mt 18. 22)

Petrus nickte gehorsam. Doch dann musste ich abermals in der anschließenden Predigt vor dem Volke ein Gleichnis

setzen und widersprach mir gewaltig: „Denn der Herr, der seinem Knecht die gesamte Schuld erließ, widerrief seine Schuldtilgung ein wenig später wieder und ließ ihn in Schuldhaft nehmen", sagte ich. (Mt. 18. 34, 35)
Also nichts mit vierhundertneunzigmaliger Vergebung! Ich sehe noch deutlich den verwunderten Blick, den Petrus mir zuwarf. Er sagte jedoch nichts.

Vor einigen Tagen waren wir in Jerusalem, um wieder einmal das Passah Fest zu feiern, und ich hatte einen miesen Tag.
Ich hatte schon reichlich Wein getrunken, und mich hungerte. Eigensinnig wollte ich Feigen pflücken, doch meine Jünger meinten, es wäre doch noch gar nicht die Zeit dafür.
Das erzürnte mich derart, daß ich das Bäumchen verfluchte.
Anschließend verlangte ich, alle, die bei mir waren, sollten ihre Notdurft an dem Stamm verrichten. Dieser verfluchte Baum soll verderben, hat er doch keine Früchte, wenn ich sie gerade jetzt haben will. (Mk 11. 13, 14)

Immer noch aufgebracht ging ich zum Tempel und wurde noch viel wütender, als ich die vielen Geldwechsler und Opfertaubenverkäufer sah.
In unserem Heiligtum sieht es aus wie in einem Bazar. Ich warf Stühle und Tische um und vertrieb die Händler. Dabei schrie ich laut: „Unser großer Prophet Jesaja hat geschrieben, der Tempel möge ein Bethaus für alle Stämme Israels sein und keine Räuberhöhle!" (Jes 56. 7 / Mt 21. 13)

76

Die Händler zeterten und ergriffen abgebrochene Stuhlbeine, doch wir waren derer zu viele, als daß sie es hätten wagen können, mich anzugreifen.

So keiften sie nur wie Klageweiber: „Anderen erzählst du von Nächstenliebe, von Vergebung und unendlicher Verzeihung, doch du selbst bist ein versoffener Wüterich, der mit Arbeit und Frauen nichts anzufangen weiß!"

Da kamen die Pharisäer und die Schriftgelehrten und brachten ihre Knechte mit. Gemeinsam mit den Händlern warfen sie uns aus dem Tempel. Auch sie schrieen wirr durcheinander, der Tempel sei ein Ort des Gebetes und der Gottesverehrung, und ich hätte kein Recht, hier einen Krieg zu beginnen und alles zu zerstören. Wir wären ja eine schlimmere Plage als selbst die römischen Soldaten.

Mit welcher Vollmacht ich denn hier handeln würde, wollten sie auch noch wissen, doch was sollte ich ihnen darauf antworten? (Mk 11. 28ff)

Einige Tage später wollten sie – heimtückisch – von mir wissen, ob es recht sei, dem römischen Kaiser als Jude Steuern zu entrichten.

Ich nahm eine Münze mit dem Haupte des Kaisers darauf und sagte: „Gebet dem Kaiser sein eigenes Geld zurück, Gott aber gebet, was er verlangt." (Mt 22. 21)

Das war eine Aussage, die ich mir schon lange vorher ausgedacht hatte, denn ich hatte geahnt, das irgend jemand mir diese Frage stellen würde. Es gab genug Speichellecker und

Zuträger unter den Juden, die sich beim römischen Präfekten Liebkind machen wollten, um diese oder jene Genehmigung zu erhalten. Sie denunzierten jene, die schlecht über den römischen Kaiser sprachen – und deren gab es viele unter den Juden.

Eines Tages kamen einige Sadduzäer, die wollten wissen, ob es eine Auferstehung nach dem Tode gäbe, denn die Sadduzäer glauben nicht daran.

Und sie fragten mich: „Wenn nun ein Mann ein Weib hat und stirbt kinderlos, so muß nach dem Gesetz der Bruder das Weib freien. Nun stirbt dieser ebenfalls, ehe er das Weib schwängern konnte und der dritte Bruder nahm sie zum Weib. Auch diesem ergeht es nicht besser und es folgte der nächste und der übernächste bis hin zum siebenten Bruder und keiner schaffte dem Weib Nachkommen. Schließlich starb auch das Weib. Wenn sie nun alle auferstehen, wessen Weib wird sie nun sein?"

Ich sah sie scharf an und erklärte ihnen, nachdem keiner ihrer Männer ihr ein Kind schaffen konnten, wäre jede dieser Ehen nichtig.[46] (Lk.20. 35)

Und, es hätte doch schon zu Mose unser Gott[47] gesprochen, er sei der Gott Abrahams und Isaaks und Jakobs. Also schon der Gott unserer Vorfahren. (Lk 20. 27ff / Ex 3. 6, 15)

---

[46] die Textstelle in der Bibel, wonach Auferstandene angeblich keine Partner hätten stammt aus einer karthagischen Übersetzung und wurde so in allen 4 Evangelien aufgenommen.

[47] Jesus sagt leider nicht, von welchem der vielen, von den Israeliten verehrten Götter er hier spricht. Jedenfalls ist der Gott aus Jesus' Zeit keineswegs ident mit dem Gott Abrahams oder auch Moses.

Doch sie ließen nicht ab und erwiderten: Zu Moses Zeiten wären doch Abraham und Isaak und Jakob schon tot gewesen und er hätte daher von Toten gesprochen. Er sei also auch der Gott der Toten! Oder – so fragten sie mich lauernd – sei er sogar nur ein Gott der Toten? Ein Totengott?

„Nein, keineswegs" antwortete ich ihnen, „unser Gott ist ein Gott der Lebenden und Abraham, Isaak und Jakob würden auferstehen und weiterleben."

„Also, behauptest du nun, nur weil du aus diesem Thora-Zitat eine Auferstehung konstruieren möchtest, daß es diese auch tatsächlich gibt?" fragten lauernd die Sadduzäer.

Was sollte ich da bloß antworten?

„Wahrlich, wahrlich, ich sage euch: Die Stunde ist jetzt da, daß die Toten die Stimme des Gottessohnes[48] hören und leben werden." (Jh 5. 25)

Da lachten einige der Pharisäer beinahe gleichzeitig laut auf: „Willst du behaupten, du, eine Ausgeburt der Unzucht, wärest ein Gottessohn, hättest also eine hochgestellte Persönlichkeit zum Vater,[49] obwohl diesen niemand kennt? Und wenn wir deinen Reden vertrauen und an dich glauben, werden wir nicht sterben und kommen sofort ins Paradies? Oder bringst du zu dieser Stunde allen Verstorbenen die Auferstehung? Bist du denn nun total irre? Oder nur betrunken?"

Einer rief gar: „Er hat einen bösen Geist und ist irrsinnig. Was hört ihr ihm noch weiter zu?" (Jh 10. 20)

---

[48] als „Gott" wird im Volksmund allgemein eine hochrangige Persönlichkeit bezeichnet. Nicht zu verwechseln mit dem Gott der Juden YAHWEH, der – zu Jeshuas Zeiten (früher schon!) – weder eine Gattin noch Kinder hatte. Die Vorstellung, der Jude Jesus könnte eines jüdischen Gottes Sohn sein, kam ihnen gar nicht in den Sinn, zu absurd wäre diese blasphemische Vorstellung gwwesen.

[49] als „Gottessohn" wurden zu jener Zeit generell Söhne hochgestellter Persönlichkeiten bezeichnet. Nicht zu verwechseln mit dem Sohn eines „richtigen" Gottes. Für Juden wäre es undenkbar gewesen, daß ihr Gott einen leiblichen Sohn haben sollte, und ebenso undenkbar, absurd und gotteslästerlich wäre dieser Gedanke für Jesus gewesen.

Verzweifelt und zutiefst gekränkt schrie ich ihnen entgegen: „Ich habe es euch gesagt, und ihr glaubt mir nicht. Die Werke, die ich tue, tue ich im Namen meines Vaters. Wer mir folgt, dem gebe ich das ewige Leben." (Jh 10. 27, 28) Da trachteten sie mich zu fassen, doch meine Anhänger stellten sich ihnen drohend entgegen, und ich konnte entweichen. Ich bin immer wieder darob froh, daß ich meine Jünger habe. Sie sind mir nützlich und ergeben.

Manches Mal sind meine Jünger jedoch recht einfältig: Da fragten sie mich tatsächlich an einem Abend, als wir um ein Feuer saßen und unser karges Mahl teilten, welchen Lohn sie bekommen würden, da sie doch alles aufgegeben und hinter sich gelassen hätten, um mir zu folgen. Ich nahm noch einen Schluck Wein aus dem leider fast leeren Krug und verkündete ihnen, sie würden bei der Wiedergeburt, die nicht mehr ferne sei, neben mir sitzen und über die[50] zwölf Stämme Israels richten. (Mt 19. 27, 28)

Und Philippus sprach: „Werden denn nur die zwölf Stämme Israels auferstehen und von uns gerichtet werden, mein Meister?"
„So steht es geschrieben", antwortete ich ihm. „Siehe, da ist zum Beispiel Samaria. Es sind unsere Brüder, doch wir verachten sie, da sie die Gesetze der Väter gebrochen und sich Weiber anderer Völker genommen haben. Aber all die ehemaligen Stämme Israel sollen wieder erstehen und gemein-

---

[50] ehemaligen

sam mit Juda erstarken und ein mächtiges Volk werden. Ein furchteinflössendes Vorbild allen anderen Völkern."

„Aber Meister, so werden die Römer, die Griechen nicht erlöst?"

„Lieber Philippus, wovon sollen die erlöst werden? Sie leben ja nicht in Unterdrückung wie wir, und eine Auferstehung gibt es für diese Heiden auch nicht, denn nur Israel wird auferstehen. So steht es in den Schriften, und so hat es unser Gott versprochen."

„Aber Meister, gesetzt den Fall, ein römischer Legionär schlösse sich unserer Gruppe an und lebte nach deinen Worten. Würde dieser nicht auch das Himmelreich finden?"

„Philippus, begreifst du denn nicht? Juda wird sich mit den verlorenen Stämmen Israels bei der Auferstehung wieder vereinen. Was kümmern uns andere Menschen, andere Völker, wo doch alleine wir das auserwählte Volk des einzigen Gottes sind! All die Anderen werden vernichtet oder müssen uns dienen. (Jh 4. 22)

Wir sind jene, die in ungeahnter Stärke neu auferstehen werden!

Niemand sonst!"

Abermals wollte ich versuchen, im Tempel in Jerusalem zu lehren. Ich hatte einige Stellen der Thora gelesen und mich recht gut vorbereitet.

Obwohl früh am Tage, kamen die Schriftgelehrten mit einer Ehebrecherin zum Tempel und wollten sie steinigen.

Ich stellte mich ihnen in den Weg, und die Vielzahl meiner Jünger veranlasste die Schriftgelehrten, ebenfalls stehen zu bleiben.

„Was hältst du uns auf?" fragte der Mann, der die Frau gebunden hielt, grob.

„Was wollt ihr mit diesem Weib?" fragte ich zurück.

„Sie soll gesteinigt werden für ihre Sünde wider ihren Gatten!"

Ich erklärte ihnen, es möge jener den ersten Stein werfen, der ohne Sünde sei.

Da riefen sie, es sei nicht nötig, daß ein sündenfreier Mann den ersten Stein würfe. Nach dem Gesetz des Mose (Ex 20. 10) hat jener den ersten Stein zu werfen, der Zeuge des Verbrechens war, und sie müsse jedenfalls gesteinigt werden. (Jh 8 ff)

Aber doch auch jener, mit dem sie die Ehe gebrochen hatte, erwiderte ich ihnen. Es kann nicht sein und entspricht nicht dem Gesetz, das Weib zu töten und den Mann, mit dem sie ihre Ehe gebrochen hat, zu verschonen. Und dann wollte ich noch wissen, ob sie untersucht hätten, ob dem Weib nicht Zwang angetan wurde?

Da schrieen sie: „Du willst sie schonen um deiner Mutter willen, die ebenfalls eine Ehebrecherin ist."

Sie drohten mir mit dem Tod. Doch ich rief ihnen zu: „Ich rede, was mich mein Vater gelehrt hat, und ihr redet , was euch euer Vater erzählt hat."

Höchst erzürnt schrieen sie: „**Wir** sind nicht unehelich geboren **wie du**, und wir haben als Vater sogar unseren Gott!" (Jh 8. 41)

„So, so, ihr seid also Gottes Söhne?[51] Dann bin ich es auch, denn ihr wisst nicht, wer mein Vater ist, ich aber weiß es." (Jh 8. 19)
Ihr jedoch habt den Teufel zum Vater und tut nach seinen Willen. Der ist ein Mörder von allem Anfang." (Jh 8. 44)
Murrend, ich würde mir einen Vater wohl erträumen und mich gehässig verwünschend, ließen sie mich und das gebundene Weib stehen und zogen ihres Weges.

„Herr, wie kann ich dir danken?", fragte sie mich mit rotgeweinten Augen. „Ich würde alles für dich tun."
„Auch nochmaligen Ehebruch?" wollte ich wissen.
„Herr, mein Leben gehört dir. Ich bin deine rechtlose Sklavin, tue mit mir, wie es dir beliebt."
„Du bist eine Hure und bleibst eine Hure", rief ich ihr zu, „hebe dich hinweg und fort aus meinem Angesicht, denn ich mache mir nichts aus solchen Weibern."
Sie rappelte sich hoch, und im Enteilen wendete sie kurz ihr Haupt und rief mir zu: „Machst du dir denn überhaupt etwas aus Weibern?"
Wütend warf ich ihr einen Stein nach und traf sie sogar. Da kreischte sie auf und hastete eilends davon.

Ich hatte Streit mit meinen Jüngern. Verärgert über die ständige Ablehnung durch meine eigenen Landsleute, der Galiläer, hatte ich reichlich Wein getrunken und beschimpfte meine Jünger, denn einige von ihnen hatten das Erbettelte

---

[51] siehe Anmerkung auf Seite 79

für sich behalten, anstatt es mir zu geben. Ein böses Wort ergab das nächste, und letztlich schrie einer: „Du, Meister, du weißt doch heute nicht, was du gestern gesagt hast und was du denn wirklich willst!"

Ich war betroffen und antwortete ihm nicht. Da redeten sie alle durcheinander: Die einen fragten mich, weshalb ich ihnen aufgetragen hätte, mir zu folgen und nichts mitzunehmen als nur einen Stab. Kein Geld, kein Brot, keine Tasche, aber Schuhe. (Mk 6. 8, 9)

Den anderen jedoch hätte ich befohlen, gar nichts mitzunehmen. Auch keinen Stab und keine Schuhe. (Mt 10. 10)

Der Simon rief dazwischen: „Und nun verwahrt der Judas wohl den Geldbeutel unserer Gruppe, doch allein du darfst darüber verfügen, obwohl du einmal gesagt hast, Gold und Geld dürfe niemand von uns besitzen. Bist du denn mehr als wir? Du sagst doch stets, alle seien gleich, und der Höchste werde der Geringste sein. Doch das alles gilt wohl nur für andere und nicht für dich, he?"

Die Jünger waren sehr aufgeregt. Die einen schrieen, die anderen tuschelten hinter meinem Rücken. Einer aber kam ärgerlich auf mich zu und sprach:

„Erkläre uns, Meister, weshalb Petrus ein Schwert besitzen darf, wo doch sonst niemand unter uns zusätzliche Habe sein eigen nennen darf?"

Als ich ihn ansah, erstaunt ob dieser kindischen Vorwürfe, lenkte er ein: „Ja, ja, ich weiß schon, Petrus und sein Schwert sind oft recht nützlich, doch es widerspricht deinen Befehlen, nichts zu besitzen, außer einen Stab. Und überdies, weshalb die einen Schuhe besitzen dürfen und die anderen nicht, musst du uns schon erklären."

Lange sah ich sie der Reihe nach schweigend an, während ich meine Gedanken sammelte, dann sprach ich:

„Ich habe mich bereits seit geraumer Zeit gewundert, weshalb etliche von euch keine Schuhe hätten, andere jedoch schon. Ich habe niemandem aufgetragen, mir ohne Schuhe zu folgen. Ich habe wohl gesagt: >Nehmt kein zweites Gewand und Schuhe mit, meinte damit jedoch, kein **zweites** Gewand **und** kein **zweites** Paar Schuhe.< Wenn ihr eure eigene Sprache nicht versteht, dann tut es mir aufrichtig leid. Aber den Schaden habt jetzt ihr zu tragen. Also macht nicht mich für eure Dummheit verantwortlich!"

Sie murrten noch etwas, beruhigten sich aber nach einiger Zeit dann doch. Mir aber gab dieser Streit noch lange zu denken.

Was würde bleiben von meinen Worten, wenn die Gemeinschaft meiner Jünger schon jetzt gegen mich war? Sie, die meine Worte allen Juden weitergeben sollten, beschäftigten sich mit so unsinnigen Dingen wie Schuhen, anstatt meine Weisheit in sich aufzusaugen! Ich fühle mich berufen, einem ganzen Volk Heiland und Erlöser zu sein, und meine Jünger bezweifeln meine Oberhoheit über die Almosenkasse? Wie kann ich diese Schar von Mitläufern davon überzeugen, daß ich ein Auserwählter bin, einer, dem ganz Juda sein Ohr leiht, während sie, diese Kleingläubigen, an mir zweifeln?

Abermals kam mir der Gedanke an die Auferstehung in den Sinn. Wenn ich, Jesus von Nazareth, von den Toten auferstehen würde, dann gäbe es keinen Zweifel mehr. Nur wer sich selbst erlösen kann, ist ein wahrer Erlöser. Aber wie kann man sterben und wieder auferstehen, wenn dies doch nicht möglich ist? Dieses „Sterben", wie ich es mir vorstelle, kann nicht auf natürliche Weise – etwa durch Krankheit –

erfolgen, denn dann ist man unwiderruflich tot. Das scheinbare „Sterben" muss überlegt herbeigeführt werden, und man muss es mit eigener Kraft überleben. Die Kreuzigung ist die einzige Möglichkeit, die mir sicher genug erscheint, überleben zu können.

Meine beinahe spielerischen Übungen haben mich soweit gebracht, daß ich mein gewagtes Vorhaben alsbald realisieren könnte.

Oh Herr, unser Vater im Himmel, rate mir! Sende mir ein Zeichen!

W ieder einmal forderten mich meine Jünger auf, nach Jerusalem zum Laubhüttenfest zu kommen und allen zu verkünden, welches meine Botschaft sei.

Und wieder einmal musste ich ablehnen. Weiß ich doch, es kommt bei derartigen Festen regelmäßig zu blutigen Zusammenstössen mit den Römern. (Jh 7. 3)

Wie leicht könnte ich in einen derartigen Aufruhr geraten und schwer verletzt oder sogar getötet werden. Wie sollte ich mit einem Schwert in der Brust oder gar geköpft auferstehen?

Also breitete ich meine Arme aus, sah gen Himmel und sprach:

„Meine Zeit ist noch nicht gekommen." (Jh 7. 8)

Es kam genauso, wie ich es vorhergesehen hatte, und dazu muss man kein Seher und kein Prophet sein: Das Laubhüttenfest in Jerusalem wurde – wie jedes Jahr unter römischer Unterdrückung – ein Desaster! Erst als der Volkszorn von den Römern mit Waffengewalt blutig niedergeschlagen worden war, erst nach unzähligen Toten und Schwerverletzten, konnte das Fest einigermaßen geordnet gefeiert werden.

Später, nachdem Ruhe eingekehrt war, und es schien, als würde man nun an dem Fest gefahrlos teilnehmen können, konnte auch ich mit großer Vorsicht in die Stadt kommen.

Ich erschien, zu meiner Sicherheit vorerst allein und mit meinem Gewand verhüllt im Tempelbezirk, um auszukundschaften, ob es nicht erneut zu Unruhen käme, und gab mich nicht zu erkennen. Die Gefahr, daß ich angegriffen und verletzt werden würde, sollte ich zu predigen beginnen, war mir angesichts der noch immer aggressiv brodelnden Menschenmassen denn doch zu groß. (Jh 7. 10)

Viel später, als es aussah, als würde sich die allgemeine Lage tatsächlich entspannt haben, und das Volk könnte nun ungestört feiern, begab ich mich in den Tempel, gab mich zu erkennen und predigte zu den Menschen.

Sie aber sprachen erstaunt: „Wie ist jener denn der Thora kundig, da er sie doch nicht gelernt hat?"

Ich entgegnete ihnen, meine Lehre käme nicht von mir, sondern von jenem, der mich gesandt hätte.

Und einige sprachen: „Ist das nicht jener, den die Obrigkeit sucht zu töten? Und sie lassen ihn hier frei reden? Ist er etwa doch der Christus?" (Jh 7. 25, 26)

Andere meinten abfällig, da aus Nazareth niemals ein Prophet kommen würde, könnte ich daher auch kein Christus sein.

Und sie wüssten doch, woher ich stammen würde, und es stünde geschrieben, wenn der einzig wahre Christus käme, wüsste niemand, woher er stammen würde, also könne ich es nicht sein. (Jh 7. 27)

Ist es nicht seltsam: In Nazareth nimmt man meine Worte nicht ernst, weil die Nazarener nicht wissen, wer mein rechter Vater ist, also nicht wissen, woher ich stamme. In Jerusalem hingegen hört man auf meine Worten nicht, weil man zu wissen glaubt, woher ich stamme, nämlich aus Nazareth.

Mein einfältiger Ziehvater Joseph! Er hat doch tatsächlich von einem Rabbi für sich ein Geschlechtsregister anfertigen lassen, um meine angebliche Abstammung bis zurück zu Salomon und David zu belegen! (Mt 1. ff)

Dieser gutgemeinte, aber eitle Schwachsinn hat ihn sicher sehr viel Geld gekostet und war völlig sinnlos. Wissen doch alle Bekannten und Verwandte, daß ich unehelich gezeugt bin und jenen, die dies nicht wissen, ist es völlig gleichgültig, ob ich von König David abstamme oder nicht. Überdies war König David ein Ehebrecher und Mörder und damit nicht unbedingt ein Vorbild, von dem abzustammen eine Ehre wäre. (2 Sam 11. 1 - 27)

Joseph hat mir dieses Geschlechtsregister unter der Bedingung der Verschwiegenheit gezeigt und war ganz stolz darauf, nun seine Vorfahren gewissermaßen bis Abraham zurückverfolgen zu können. Ich musste lachen, er aber sah mich enttäuscht und verständnislos an.

„Was soll das beweisen?", fragte ich ihn. „Ich bin doch nicht dein Sohn, und daher ist es völlig überflüssig, meine standesgemäße Abstammung vorweisen zu können.

„Aber ... aber ich dachte, ich könnte dir helfen", stammelte er mit heiserer Stimme. „... und ich habe dich als meinen Sohn anerkannt, deshalb bin ich nun dein Vater vor Gott und der Welt."

„Gewiss, es war ja nicht schlecht gemeint von dir, nur sprechen die Schriften von einem leiblichen Nachkommen Davids und nicht von einem angenommenen Kind der Unzucht", sagte ich mit einer gewissen Bitterkeit in der Stimme.

„Beleidige deine Mutter nicht! Das ist Sünde, denn du sollst Vater und Mutter ehren, sagt Mose!"

„Ehre, wem Ehre gebührt, sagen die Römer", antwortete ich leise. Joseph schüttelte den Kopf, wandte sich ab und schwieg.

Ich sah mir meine neugewonnene „Abstammungsgeschichte" näher an und musste abermals lachen.

Joseph wurde ungehalten: „Warum lachst du immerwährend?"

„Ja, weißt du, ich denke, du hast sicher nicht wenig für dieses Machwerk bezahlt. Ich sehe hier, du stammst angeblich in direkter Linie von David ab – und deine Vorfahren gehen damit zurück bis auf Abraham – doch da gibt es einen gewaltigen Schönheitsfehler: Jojakim, der zweitgeborene Sohn des Joshia[52], von dem du deine Abstammung herleitest, wurde von Gott verflucht! Von dessen Geschlecht abstammen zu

---

[52] ein Nachkomme Königs Salomon in der 16. Generation, König von Juda vor der babylonischen Gefangenschaft

wollen, ist daher nicht gerade ehrenhaft, und es heißt in der Schrift, keiner der Nachkommen Jojakims wird jemals den Thron Davids erben können." (Jer 36. 30)

Mit diesen Worten nahm ich die Schriftrolle und suchte Rabbi Monides in Zippori auf, jenen Rabbi, der mich als Kind hätte unterweisen sollen und der meinem Vater gesagt hatte, ich wisse schon alles. Ich wollte ihn bitten, diese Namensliste mit der Genealogie der Thora zu vergleichen, denn er ist ein gelehrter und schriftkundiger Mann.

Als ich Stunden später zurückkehrte, musste ich meinem Vater schlechte Nachrichten bringen.
„Komm Vater, hol deinen Weinkrug und setz dich zu mir", sagte ich milde. „Ich muss dir vom Rabbi etwas ausrichten."
Er holte sich einen Becher Wein, goss auch mir ein und nahm neben mir Platz. Meine Mutter kam vorbei und wollte neugierig zuhören, doch ich hieß sie, sich zu entfernen.
„Bring dem Rabbi, der dieses seltsame Register verfasst hat, diesen Mist und verlange deine Silberlinge zurück. Sag ihm, für diese wertlose Schriftrolle gibst du kein Geld."
Verärgert aber auch erstaunt sah mich Joseph an: „Was ist damit? Es ist doch eine so schöne Abstammungsgeschichte."
„Nein, Vater, sie ist Eselsmist. Es gibt darin grobe Fehler gegenüber der Genealogie, wie sie in der Thora geschrieben steht: Josia war zum Beispiel nicht der Vater des Jojachin, sondern der des Jojakims. (1. Chr 3. 15)
Ebenso ist es falsch, daß Abiud der Sohn des Zerubabel war. Zerubabel hatte sieben Söhne: Meshullam, Hananja, Hashuba, Ohel, Berehja, Hashadja, Jushab-Heshed, aber keinen Abiud. (1.Chr 3. 19 - 20)

90

Auch der Vater vom Usia war Amazja und nicht Joram (2.Chr 26. 1)
Der Vater des Jechonia war Jojakim und nicht Josia. (1.Chr 3. 16)
Aber ich will jetzt nicht alle Fehler aufzählen. Bringe einfach diesen Mist seinem unfähigen Verfasser zurück und verlange dein Geld wieder, denn damit kannst du keinesfalls eine Abstammung von David oder Salomon belegen. Und er soll dir keine Ausreden und Lügen erzählen, etwa daß der von ihm verfertigte Stammbaum die Genealogie der Mutter sei, oder ähnlichen Schwachsinn, denn du weißt, ein Frau kann niemals eine legitime Erblinie weitergeben."

Kurios: Auch mein Gönner (Vater?) Joseph von Arimathäa – jetzt fällt es mir erst auf, der heißt ja auch Joseph wie mein Ziehvater – hat schon vor längerer Zeit die gleiche Idee gehabt. Auch er ließ von einem Schriftgelehrten meine Genealogie (sogar ausgehend von meinem Ziehvater Joseph) anfertigen, und auch diese stimmt leider absolut nicht mit den Angaben der Thora überein, denn auch in dieser – sicher noch teurer bezahlten – Genealogie gibt es Fehler: Darin wird etwa die Abstammung von Davids Sohn Nathan behauptet, anstatt, wie prophezeit, von Salomon, und der Vater von Shelah zum Beispiel war Arphachsad (Gen 11. 12) und nicht Kenan.
(Lk 3. 36) Und schon mein angeblicher Großvater und dessen Vorfahren stimmen in beiden Registern absolut nicht überein. (Mt 1. 1- 17 / Lk 3. 23 – 38)

Ich hatte es wieder einmal geschafft, eine größere Gruppe von Zuhörern um mich zu scharen, und so verkündete ich ihnen ein Gleichnis.

Ich weiß es wohl, meine Gleichnisse werden von den Menschen kaum verstanden, zumal ich oft auch nicht konsequent bin. Ich glaube nicht, daß dies von meinem Weingenuss kommt. Ich denke eher, es ist mir selbst nicht so wichtig, welche Geschichten ich verkünde. Ich rede, was mir gerade einfällt, und so kann es schon geschehen, wie ich berichte, ein Verwalter wollte sich bei den Schuldnern seines Herrn beliebt machen, lud die Schuldner alle zu sich und stiftete diese an, ihre Schuldbriefe derart zu fälschen, dass nun zum Nachteil des Herrn weit weniger Schuld zu tilgen wäre. Für diese Betrügereien und Urkundenfälschung jedoch wurde der Verwalter von seinem Herrn gelobt. So erzählte ich. Und alle sahen mich an, als sei ich verrückt geworden. Nun ja, vielleicht bin ich es auch. (Lk 16. 1 - 8)

Meine Jünger kamen und sprachen zu mir: „Meister, hier sind fünftausend Menschen, sie alle sind gekommen, deine Worte zu hören. Sie haben nicht Speis und nicht Trank."
„Zu dieser Handvoll Juden sagst du, es seien Fünftausend?", fragte ich lachend. „Nimm´ was wir haben, und verteile es unter diese Menschen."
„Aber Meister, wir haben nur fünf harte Brote, und diese beiden Fische stinken schon, denn der Tag war lang. Aber lass uns gehen und für die Leute Essen kaufen." (Lk 9. 13)

„Ihr Narren", antwortete ich ihnen, „wir haben kaum genug Geld[53] für uns, wie sollen wir da für jene Speise kaufen? Gehet hin und bietet ihnen von unserem Brot und Fisch an – ihr werdet sehen, es reicht für alle."

Und so taten sie.

Seltsam: Allen, denen die harten Brote und die schon etwas streng riechenden Fische angeboten wurden, waren offenbar plötzlich nicht mehr hungrig.[54] Einige aber hatten offensichtlich Erbarmen mit uns und legten von ihren eigenen mitgebrachten Speisen noch etwas dazu, denn als meine Jünger mit dem Korb zurück kamen, lag mehr darin als vorher. Ein Wunder war geschehen! [55]

Ich und drei meiner Jünger stiegen auf einen Berg, um unserem Vater im Himmel nahe zu sein, und hatten einiges an Wein bei uns. Der steile Aufstieg ließ uns schwitzen und durstig werden, und letztlich machte es auch wenig Sinn, den schweren Weinkrug voll hinauf zu schleppen. Jedenfalls war der Krug geleert, als wir endlich den Gipfel in einiger Entfernung vor uns sahen.

Die Drei lallten und stolperten taumelnd bergan, und mir ging es kaum besser. Wir mussten uns etwas Ruhe gönnen und legten uns unter einem überhängenden Fels zu einem kurzen Schlaf.

---

[53] es war nur den Jüngern verboten, etwas zu besitzen. Natürlich benötigten auch sie Geld. Dieses verwahrte Judas Ischariot für die Gruppe. Jesus vertraute ihm vorbehaltlos und schätzte seine Intelligenz.

[54] oder es verging ihnen der Hunger, angesichts der stinkenden Fische

[55] sogar die Anzahl der Körbe hatte sich auf wundersame Weise auf zwölf (!) vergrössert.

Am gesamten Körper schweißnass wachte ich auf und wendete mein Gewand. Die Innenseite war nun außen und war viel heller als die verschmutzte Außenseite. Ich sollte wohl öfter mein Kleid wenden. Man müsste es dann nicht so oft waschen...

Die Sonne stand nun schon recht flach und beschien meinen Rücken, als ich die Schläfer weckte.

Plötzlich rief Jakobus: „Meister, du siehst so anders aus als sonst. Du strahlst im hellen Gewande! Und wer sind die beiden Männer neben dir?"

Ich hatte keine Ahnung welche Männer er sich da einbildete und sagte im Spaß: „Das sind Mose und Elia, sie sind auferstanden, um mich zu begrüßen."

Diese Worte hörten auch Petrus und Johannes, die eben erst erwacht waren, sahen die Umrisse meines Körpers hell strahlend inmitten der Sonnenscheibe, denn sie blickten ja vom Boden auf.

Mit schlaftrunkenen Augen und vom Wein umnebelten Geist hörten sie, daß Mose und Elia mich besucht hätten und fragten nun neugierig, wo die beiden denn nun wären.

„Habt ihr sie nicht gesehen?", fragte ich mit ernstem Gesicht.

„Gerade waren sie noch da! Fragt Jakobus, er hat sie gesehen."

Sie bestürmten ihn sogleich, er möge ihnen kundtun, was er denn nun gesehen hätte, und so erzählte er ihnen von den beiden Männern, die er neben mir hätte stehen sehen und die dann plötzlich grußlos verschwunden waren, just als Johannes und Petrus erwacht seien. (Lk 9. 28ff)

Beim Abstieg, der mehr ein Taumeln, Gleiten und Stolpern war, mussten wir uns gegenseitig stützen, um nicht böse zu stürzen. Später, als wir zu den anderen Jüngern fanden, erzählten meine Wegbegleiter sofort, mein Leib hätte gestrahlt,

und ich hätte mit dem von den Toten auferstandenen Propheten Elia und mit Mose geredet.
Zu meinem Glück fragte mich keiner, was die beiden mir im
heute unverständlichen Altsemitisch erzählt hatten, denn
dieser Sprache bin ich nicht mächtig.

Heute Nacht fragte mich Marjam von Magdala, ein Weib
aus der Gruppe meiner Anhängerschar, wie ich meinen Aus-
spruch Tage zuvor gemeint hätte, als ich sagte, einige werden nicht sterben ehe sie nicht das Himmelreich gesehen
hätten. (Lk 9. 27)
Sie wollte von mir wissen, ob jene tatsächlich erst in vielen
Jahren sterben würden, nachdem sie vorher das Himmelreich
gesehen hätten.
Ungeduldig erklärte ich ihr, das Himmelreich wäre sehr nahe, und einige auserwählte Juden würden es noch zu Lebzeit
sehen, dann jedoch sterben und danach direkt im Himmel
aufgenommen werden.
„Wenn diese Juden aber schon im Himmel sind", beharrte
das unverständige Weib, „wozu gibt es dann ein Jüngstes
Gericht und eine Auferstehung?"
„Die Auferstehung", erklärte ich ihr, „ist eine leibliche Auferstehung.
Alle Verstorbenen aller Zeiten der zwölf Stämme Israels[56]
werden wieder zum Leben erweckt.

---

[56] Auferstehung nur für die zwölf Stämme Israels. NICHT für andere
Völker!

Stell dir vor, Marjam, welch gewaltiges Volk hier erstarken wird. Es wird das größte Volk sein, das die Welt jemals gesehen hat, und selbst die kriegsgewaltigen Römer werden sich vor uns verbergen."

Marjams Augen weiteten sich staunend für einen Moment, doch dann versuchte sie weiter, mich in die Enge zu treiben: „Großartig, Meister", sagte sie, „aber eines verstehe ich nicht: Wenn alle auferstehen und leiblich leben, was geschieht dann mit jenen, die schon im Himmel sind? Kommen die wieder herunter und bekommen einen irdischen Leib, um kämpfen zu können, oder dürfen die im Himmel bleiben, wenn sie nicht auferstehen und kämpfen wollen?"

„Es werden alle dazu beitragen müssen, daß die Juden eine übermächtige Streitkraft werden."

„Aber Jeshua, wann wird dies geschehen?"

„**Du Schlampe!** Nenn´ mich Meister oder Rabbi und nicht Jeshua!"

„Verzeih, Meister", sagte sie mit niedergeschlagenen Augen. Doch ich denke nicht, daß sie in ihrem Herzen demütig ist ...

„Gut, also den Zeitpunkt weiß niemand genau, den weiß nur unser Vater im Himmel allein, doch er ist gewiss sehr nahe, deshalb können wir auch darauf verzichten, Güter zu sammeln oder Familien zu gründen. Alles dies macht keinen Sinn, denn die Endzeit ist schon angebrochen."[57]

„Aber Rabbi, gibt es denn kein Zeichen?", wollte Marjam wissen.

Ich sah sie lange und eindringlich an, legte meine Hand auf ihre Schulter, blickte dann hinauf zu den Milliarden Sternen, die den Nachthimmel erhellten, und sagte feierlich: „Doch,

---

[57] Daher wäre auch die Gründung einer Kirche ohne jeden Sinn gewesen

Sonne und Mond werden ihren Glanz verlieren, und die Sterne werden vom Himmel fallen. (Mk 13. 24, 25)
Ich werde in den Wolken stehen und Gewaltiges tun.
(Mk 13. 26)
Himmel und Erde werden vergehen, meine Stimme jedoch nicht." (Mk 13. 31)
„Meister?"

„Was?"

„Wenn Himmel und Erde vergehen, wo wirst du dann sein? Du kannst dann nicht aus den Wolken sprechen, denn die gibt es nicht mehr, und du kannst auch nicht zu uns sprechen, denn es gibt keine Erde mehr, auf der wir uns aufhalten könnten, um dich zu hören."

„Ach, halt den Mund, Weib, und schweige still! Wer Ohren hat der höre, wer Augen hat der sehe! Jedenfalls sehet euch vor und seid wachsam. Denn wenn die Stunde naht, dann seid bereit." (Lk 12. 40 / Mk 13. 33)
Marjam wandte sich – wie mir schien beleidigt – ab, doch da trat der Jünger Johannes, der bisher in einiger Entfernung unserem Gespräch zugehört hatte, an uns heran: „Wenn aber nun jemand kommt und sagt, er wäre der Auserwählte, er wäre der Erlöser, wir wissen doch alle, daß viele Heilande in unseren Tagen unterwegs sind, wie sollen wir nun den Richtigen von einem Falschen erkennen?"
„Fängst du nun auch an, mich mit Fragen zu quälen, Johannes?", fragte ich ärgerlich. „Aber ich will dir antworten:
Ja, du hast recht, es werden viele kommen und werden versuchen euch zu verführen, doch glaubt ihnen nicht. Doch die Zeit ist noch nicht reif. Erst wird ein großer Krieg sein, und ein Volk wird sich gegen das andere erheben." (Mk 13. 6 - 8)
„Aber Meister?"

„Was schon wieder?"

„Du sagtest erst, die Endzeit wäre nahe, und nun sagst du, es werden erst große Kriege kommen. Welche deiner Reden sollen wir für wahr halten? Und wie sollen wir den richtigen vom falschen Erlöser unterscheiden? Es behauptet doch jeder, er sei der einzig wahre Christus.

Ich denke da an den Essener Jannäus, [58] der mit achthundert seiner Getreuen vor etlichen Jahren gekreuzigt wurde. Oder an jenen Erlöser, der sich >Lehrer der Gerechtigkeit< nannteund ebenfalls ein Essener war. Er predigte Nächstenliebe, sittliche Reinheit, Gleichheit aller Judäer. Er taufte und feierte ein gemeinsames Mahl und lehnte irdische Güter ebenso ab wie du, mein Meister.

Auch er hatte eine beachtliche Anhängerschaft und wurde gekreuzigt, wie du dich sicher erinnern wirst.

Und nach dessen Kreuzigung der Erlöser Jehuda, der wie du, aus Galiläa war. Er wurde mit dreitausend seiner Getreuen hingemetzelt, obwohl alle alten Prophezeiungen auf ihn hinwiesen.

Oder der Heiland Anbinion, der vormals ein Sklave des Herodes gewesen war.

Wie du sicher weißt, begann er einen Aufstand gegen die Römer und wurde mit zweitausend seiner Freunde gekreuzigt.

Du erinnerst dich bestimmt auch noch an den selbsternannten Erlöser Simon, der den Königspalast in Jericho in Flammen aufgehen ließ. Er wurde ebenso gekreuzigt wie sein Nachfolger, der den Palast des Herodes in Beth Cheram angezündet hatte.

---

[58] nicht zu verwechseln mit König Alexander Jannäus

Oder denke an Athronges, der bei Emaus eine römischen Waffentransport überfiel und mit all seinen Anhängern gekreuzigt wurde oder etwa Ben Stade, ein Hurenkind, dessen Mutter wegen Unzucht higerichtet worden war,.hatte unglaubliche viertausend Freunde um sich.

Und – verzeih mir, Herr – auch du sagst, du wärest nun der wirklich und wahrhaftig wahre Erlöser, obwohl gerade du nur eine Handvoll Anhänger hast."

„Hast du meine Worte so wenig beachtet, oh Johannes!", rief ich aus. „Ich habe nie behauptet, ich würde euch oder sonst jemanden von irgend etwas erlösen! Ich habe immer nur gepredigt, wer mir nachfolgt und die richtige Lebensweise und das richtige Verhalten gegenüber unserem Gottvater im Himmel zeigt, der wird die Seligkeit erfahren! Und jetzt schweige auch du, und reiche mir den Weinkrug! Die Nacht ist fortgeschritten, und mit euch zu diskutieren macht mich durstig. Und du, Marjam von Magdala, verschwinde und lass uns ungestört ruhen."

„Aber Meister! So wie du dir die Schriftgelehrten und Pharisäer zu Feinden machst, wirst auch du am Kreuz enden – und wir mit dir", sagte Johannes leise mit besorgter Stimme, als wir schon in unser Gewand gehüllt lagen und zu schlafen versuchten.

„Und? Hast du Angst um dein armseliges Leben, Johannes? Du kommst ohnedies sofort ins Himmelreich."

„Ich habe keine Angst, aber du Herr, was ist mit dir?"

„Sehet, ich habe keine Angst vor dem Tod, denn ich werde wieder auferstehen von den Toten – und ihr ebenso", antwortete ich müde.

„Aber Meister, warum willst du wieder auferstehen aus dem Grabe und auf Erden wandeln, wenn du doch in den Himmel kommen kannst? Ist es denn dort nicht schöner als hier, wo Hunger, Leid und Elend herrscht?", flüsterte er und fuhr beharrlich fort: „Wozu überhaupt eine Auferstehung? Wozu sollen die Juden zu einem mächtigen Volk erstarken? Nur um alle Völker zu bekämpfen? Wäre es nicht schöner, wenn alle Juden in den Himmel kämen und dort friedlich, sorglos und glücklich in alle Ewigkeit verweilen könnten? Was haben wir davon, wenn wir auferstehen, nur um wieder mit Kriegen und all dem damit verbundenem Elend die Welt unglücklich zu machen?"

Mit dieser Rede hatte er mich endgültig wieder hellwach gemacht.

Zornig erwiderte ich: „Das verstehst du nicht richtig, Johannes! Wir sind das vom alleinigen Gott auserwählte Volk, und wir werden nicht nur Vorbild für die Völker sein, sondern deren Herren. Unser Gott verlangt, daß wir die Weltherrschaft antreten, da haben wir keine Wahl. Wir können nicht sagen, wir wollen im Himmel ein sorgloses Dasein führen. Wir sind dazu ausersehen, und es ist unsere Bestimmung, nach der Auferstehung die ganze Erde in unseren Besitz zu bringen – zu Ehren unseres Gottes."

(Jer 25. 15 - 31 / Jes 49. 6)

„Aber Meister, wenn es die Welt dann gar nicht mehr gibt nach der Auferstehung, wie du sagtest, was sollen wir da regieren? Und was ist mit den vielen mächtigen Göttern der Griechen und Römer und Ägypter? Werden diese nicht gegen uns kämpfen?"

„Diese Götter gibt es nicht!", zischte ich böse. „Das sind alles Erfindungen von Menschen, es gibt nur unseren Gott. Und nun sei einfach still und schlaf'!"

„Aber Meis..."

„RUHE!"

100

Es sind immer viele um mich herum, die meine Worte hören wollen. Doch weiß ich genau, das Volk ist dumm und versteht kaum die Hälfte von dem, was ich predige.

Nun ja, selbst ich verstehe nicht alles davon. Aber es kommt mir eben so in den Sinn, als hätte mein Vater es mir eingegeben.

So erklärte ich den Jüngern auf ihre lästigen Fragen, es würde das erhoffte Königreich gar nicht geben, es wäre nur in ihrer Einbildung vorhanden. (Thomas 3)

Darob waren sie sehr verstört, doch alsbald fragte einer, ob man fasten oder auch die Speisevorschriften halten solle.

Ich antwortete kryptisch: „Lüget nicht und tuet nicht, was ihr verabscheut, denn alles ist dem Himmel offenbar. Es gibt nichts, was auf Dauer verborgen bleiben könnte." (Thomas 6)

So sprach ich zu ihnen, doch für mich hoffte ich sehr, daß mein eigenes unwürdiges Leben nicht zu strenge von Gott Yahweh bewertet werde.

Weintrunken habe ich heute abermals reichlich Widersinniges verbreitet, und sie haben es alle gemerkt.

Ich sagte, der Himmel werde vergehen und auch jener, der darüber sei, würde vergehen. (Th 11) [59]

Da riefen sie alle durcheinander nach Erklärungen, denn wenn der Himmel vergehen würde, und es selbst Gott dann

---

[59] Th = Thomas Evangelium

nicht mehr gäbe, wo wäre dann das ihnen versprochene Himmelreich – oder wäre tatsächlich alles nur Einbildung? Rasch merkte ich meinen Fehler und ärgerte mich selbst über meine unbedachten Worte, mein unkonzentriertes Predigen. Das ergab doch wirklich keinen Sinn, was ich da verkündet hatte.

Sie gaben mir noch mehr Wein zu trinken. Manchmal denke ich, meine Jünger finden Gefallen daran, mich wirres Zeug reden zu hören, nur um dann über mich her zu fallen und mich mit bohrenden Fragen quälen zu können. Vielleicht gefällt es ihnen auch, meine Worte dann nach ihrer Weise auslegen zu können, um sich selbst zu erhöhen, während sie mich schmeichelnd einen Philosophen nennen. (Th 13)

Nach einigen Überlegungen antwortete ich ihnen, daß jene, die tot wären, nicht lebendig würden und jene, die leben, nicht sterben würden, jedoch dann, wenn sie essen würden, was tot sei, würde daraus Lebendiges.
Ich merkte, wie sie sich gegenseitig bedeutsam ansahen, ihre Köpfe schüttelten und sich an die Stirne fassten.
Ich fragte den Thomas – direkt und ohne Umschweife: „Was hältst du von mir?" Er wandte sich einfach ab, und antwortete nicht. Da fasste ich ihn und zog ihn mit mir an einen stillen Ort, während alle warteten.
Wir hatten eine anregende Zeit miteinander, doch als wir zurückkamen, fragten sie ihn, was ich ihm denn gelehrt hätte, und er antwortete: „Wenn ich euch dies kundtun würde, würdet ihr mich steinigen." (Th 13)

102

Abermals wurde ich bei einer Predigt in Galiläa von einer Gruppe Aufsässiger nach der Einhaltung der vorgeschriebenen Speisevorschriften gefragt.

Ich konnte nicht mehr aufrecht stehen und musste mich setzen. Mit schwerer Zunge und weitausholenden Armbewegungen rief ich ihnen zu:

„Wer fastet, ist ein Sünder. Wenn ihr betet, werdet ihr verdammt werden, wenn ihr Almosen gebt, werdet ihr Böses tun. Und wenn man euch in der Fremde zu essen vorsetzt, dann esset getrost, was euch vorgesetzt wird, denn was in euren Mund hineingeht wird euch nicht schaden, was jedoch herauskommt wird euch verunreinigen." (Th 14)

„Aber Meister", riefen sie entsetzt, „du verlangst von uns, daß wir selbst das unreine Fleisch von Säuen essen mögen?"

„Ich verlange gar nichts. Ich sage euch jedoch, es ist nichts unrein, und ihr könnt alles essen."

„Höre, Rabbi, man wird uns steinigen darob, daß wir das Gesetz des Mose brechen."

„Ihr sagt es, es ist das Gesetz des Mose, und Mose ist ein Mensch. Es sind Gesetze eines Menschen, und menschliche Gesetze müsst ihr nicht halten."

„Aber Herr, das sind doch Gesetze, die Mose von Gott gegeben wurden. Es sind doch nicht seine eigenen Gesetze."

„Wie wollt ihr das wissen? Seid ihr dabei gewesen, als Gott mit Mose gesprochen hat?"

Sie sahen mich ungläubig an, und einer sagte verzweifelt:

„Meister, deine Worte wider Mose sind Frevel, und du raubst mir den inneren Frieden!"

Da sprach ich laut zu allen, die mich hören konnten:

„Ich werde euch nicht den Frieden bringen, denn ich bin gekommen, Uneinigkeit, Feuer und Schwert zu bringen." (Th 16)
Und: „Ich habe Feuer auf die Welt geworfen." (Th 10)

Das Volk war verstört, und einige redeten: „Hat er nicht bisher immer behauptet, er wäre gekommen, um Frieden zu
bringen und nicht den Krieg?"

Und andere fragten: „Hat er nicht geschworen, er sei nicht
gekommen, Gesetze zu ändern?"
„Ja genau", schrie ich, ich bin nicht gekommen, um Gesetze
zu ändern, denn bis Himmel und Erde vergehen, wird kein
Pünktchen vom Gesetz vergehen. Und wer nur das Kleinste
vom Gesetz ändert, wird der Geringste sein im Himmel."
(Mt 5. 18,19)
Ihre Reden machten mich wütend und ermüdeten meinen
Geist, denn mein Kopf war schwer vom Wein.
Doch anstatt mich in Ruhe zu lassen, lachten sie über mich
und riefen: „Du selbst änderst ständig Gesetze, also wirst du
es sein, der jener Geringste ist im Himmel."

Und weiter quälten sie mich mit neuen Fragen.
Schließlich rief ich ihnen zu: „Wenn ihr jenen seht, der nicht
durch eine Frau geboren wurde, werft euch mit dem Ange-
sicht zu Boden und betet ihn an, denn dieser ist euer Vater."
(Th 15)
Abermals lachten sie alle und riefen: „Wer soll das sein, je-
ner, der nicht aus einer Frau geboren wurde? Vielleicht das
Kind des Ziegenbockes?"
Und sie schüttelten sich vor Lachen und zogen ihres Weges.
Ich rief ihnen wütend nach: „Wo mehrere Götter sind, da
sind es Götter, wo es zwei sind oder nur einer ist, da werde

ich auch sein, denn ich mag keine, die viele Götter verehren." [60] (Th 30)

Die Jünger fragten mich: „Herr, wann wirst du dich dem Volk endlich offenbaren?"
Und ich antwortete: „Erst dann, wenn ihr keine Scham mehr habt und eure Kleider abstreift, und wenn ihr euch gegenseitig und mir nackt zeigt! (Th 37)
„Aber Meister, du hast uns doch schon alle nackt gesehen. Sollen wir nun ohne Kleider durch das Land ziehen? Sie würden uns steinigen."
„Ich meine damit...", begann ich. „Aber nein, ihr versteht es ja doch nicht!" Ich zögerte und sagte schließlich, was ich immer sage: „Wer Augen hat, der sehe, wer Ohren hat, der höre!"

Die Schar meiner Bewunderer war wieder einmal geneigt, weise Sprüche zu hören. Es unterhält sie offenbar, mich predigen zu hören, und es ist ihnen angenehm. Und mir ist es angenehm, stets von Andächtigen umringt zu sein und um meine Meinung gefragt zu werden. Ich gebe zu, das schmeichelt mir, und ich habe Freude daran, Gleichnisse zu erfinden, die nicht verstanden werden. Das macht meine Bot-

---

[60] Diese Aussage ist von großer Wichtigkeit: Jesus geht davon aus, daß es auch zwei oder mehr Götter geben könnte.

schaft geheimnisvoll und bedeutend. Es gibt mir das Gefühl von Wichtigkeit.

Also hub ich auch heute an zu reden – im Kreise von etwa hundert Menschen, um einen Ölbaum im Garten des Bauern Joshua geschart:
„Wer etwas hat, dem wird dazugegeben, doch wer wenig hat, dem wird das Wenige auch noch genommen werden." (Th 41)

Natürlich schrie einer, der schnell mitdachte, aufgebracht: „Herr, das ist doch keine Nächstenliebe und keine Gerechtigkeit: Jenen zu geben, die ohnedies bereits genügend haben und dem der bereits arm ist, auch seiner letzte Habe zu berauben." Die Menge klatschte seinen Worten Beifall, ich aber antwortete ihm pathetisch:
„Es ist nicht möglich, daß jemand zwei Bogen spannt, auch ist es nicht möglich, daß ein Knecht zwei Herren dient. Man näht nicht einen alten Stoff auf ein neues Kleid, denn es würde reißen." (Th 47)

„Das ist nicht wahr!" rief er. „Man kann zwei Bogen gleichzeitig spannen, es kann auch ein Knecht einen halben Tag dem einen Herrn, den anderen halben Tag dem anderen Herrn mit gleichem Eifer und gleicher Treue dienen."
Und andere riefen: „Es ist ja bereits ein Riss im Gewand, deshalb nimmt man einen Flicken. Ob alt oder neu ist dabei gleichgültig! Wichtig ist die Festigkeit, nicht das Alter des Stoffes!" (Mt 9. 16)
„Hast du wieder den Krug leer getrunken, oder sind deine Sinne noch vom Vortag getrübt?", schrie einer sogar frech.

In diesem Moment wurde ich erneut an meine Jugendzeit erinnerte, als alle mich beschimpft und verlacht hatten.

Wütend rief ich ihnen zu: „Wer Vater und Mutter und seine Schwestern und Brüder nicht hasst, kann nicht mein Jünger sein." (Th 55)

Doch es wurde alles noch schlimmer, denn nun schrieen sie alle: „Du verstößt gegen das Gesetz Gottes, das da sagt, du sollst Vater und Mutter ehren, und dafür musst du gesteinigt werden." Und schon trafen mich einige faustgroße Steine.

Heftig an Kopf und Rücken blutend, eilte ich flugs von dannen.

Meine Jünger fragten mich einige Tage später: „Herr, du hast gesagt, du seiest nicht gekommen, die Gesetze zu ändern. Dennoch sagst du, wir sollten den Sabbat nicht halten, dürfen Fleisch von Schweinen essen, sollen Vater und Mutter verfluchen, und wie hältst du das mit der Beschneidung? Ist dieses Gottesgebot nützlich?"

Und ich antwortete ihnen: „Wenn es nützlich wäre und Gott es gewollt hätte, so würden die Knaben bereits ohne Vorhaut geboren werden." (Th 53)

„Aber Meister," riefen sie in höchster Erregung, „das sind doch unveränderbare und ewige Gottesgesetze."

„Woher wollt ihr das wissen? Hat nicht Mose uns diese Gesetze gebracht?"

„Natürlich, Herr, doch er hat nur niedergeschrieben, was Gott ihm aufgetragen hatte."

„Und woher wollt ihr wissen, daß Gott jemals zu Mose sprach und ihm aufgetragen hat, diese und jene Gesetze zu verkünden?"

„Aber Mose hat es doch den Israeliten so verkündet!"

„Na und? Ist die Behauptung des Mose ein Beweis dafür, daß Gott tatsächlich mit ihm gesprochen hat? Oder ist es nicht wahrscheinlicher, daß Mose dies nur behauptet hat, um seinen eigenen Gesetzen und Befehlen mehr Nachdruck zu verleihen?

Weshalb hat nicht Gott zu allen Israeliten gleichzeitig gesprochen? Oder besser noch, er hätte ihnen im Schlaf unauslöschlich all seine Befehle eingeben können. Dazu hätte es keines Mose als Vermittler bedurft.

Stellt euch doch einmal vor, Mose wäre heute zu uns gekommen und hätte gesagt, dieses oder jenes solle getan werden und dieses oder jenes nicht. Wären uns die Worte eines alten Mannes, **seine** Wünsche oder gar Befehle, nicht recht gleichgültig?

Auch die Stammesältesten der Israeliten hätten gesagt: >He, Mose, was **du** da willst, ist **uns** einerlei. Du hast **uns** zu fragen, was **wir** wollen!<

So aber kam Mose von einem Berg herab und erzählte, er hätte mit Gott persönlich gesprochen, und Gott hätte ihm Gesetze gegeben, die jeder einhalten müsse, da diese Gesetze eben nicht Erfindungen des Mose, sondern Gottes Befehle seien.

Versteht ihr nicht: Ein greifbarer Beweis für Gottes persönlicher Anwesenheit sind weder Moses Bericht, noch die Gesetzestafeln, die Mose dem Volk zeigte. Letztlich waren auf den Steinplatten nur zehn Gebote, aber Mose hat eine Vielzahl an Vorschriften verkündet.

Und dann zertrümmert Mose diese angeblich geheiligten Steinplatten mit den Befehlen Gottes – einfach weil er erzürnt war über das Volk! Er zertrümmert diese göttlichen Dokumente, als wären sie weniger als Nichts! Zertrümmert man denn Steinplatten, auf denen Gott seine Gebote höchstpersönlich geschrieben hat?" (Lev 32. 19)

Nach dieser meiner langen Rede schwiegen sie, und ich konnte sehen, wie meine Worte in ihre Gehirne eindrangen wie schwarzes Gewürm, aber in ihre Herzen drangen sie nicht, denn sie waren starrköpfige Juden und blieben es.
Doch siedend heiß kommt es nun über mich, und ich kann nur hoffen, daß sie nach diesen meinen Worten nicht beginnen werden, weiter zu denken und eines Tages meine Behauptung, ich wäre ebenfalls von unserem Gott Yahweh gesandt, ebenso anzweifeln, wie ich nun eben die Behauptungen des Mose bezweifle.

Ich habe immer größere Probleme damit, meine Gleichnisse so zu bringen, daß sie letzlich auch einen Sinn ergeben.
Immer öfter rede ich und rede ich, und schließlich merke ich, daß ich mir selbst widerspreche und den Menschen, die mir zuhören, Angriffspunkte liefere.
Ich sollte mit dem Weintrinken gänzlich aufhören – oder den Becher weniger oft leeren...

Neulich habe ich ein Gleichnis von einem reichen Mann erdacht. Er bereitete ein Festmahl, und nachdem alles fertig gerichtet war, sandte er seine Knechte, um die Gäste zu laden.

Der Eine sagte, er könne der Einladung nicht Folge leisten, da er Schuldner erwarte, die ihm eine größere Menge Geldes bringen würden.

Der Andere konnte nicht kommen, er hätte ein Haus gekauft, und da wäre noch einiges zu erledigen.

Der Dritte wiederum richtete eine Hochzeit aus und war daher unabkömmlich.

Der letzte der Eingeladenen war wegen wichtiger Geschäfte verhindert.

Als dies dem Gastgeber angesagt wurde, sandte er seine Knechte auf die Strasse mit dem Auftrag, jene zu bringen, die gerade des Weges kämen. (Th 64)

Daß man normalerweise zuerst eine Einladung ausspricht, dann die Zustimmung der Eingeladenen abwartet und erst danach das Mahl bereitet, war mir irgendwie nicht in den Sinn gekommen.

Erst als mich einige der Zuhörer damit lächerlich machten, wurde mir mein Fehler bewusst, und ich ärgerte mich sehr. Aber woher soll ich, ein Prediger, der nie ein Gastmahl ausgerichtet hatte, auch solches bedenken?

Dennoch redete ich weiter und erzählte von dem Besitzer des Weinberges, der diesen gegen Lohn von Pächtern bearbeiten ließ.

Als die Zeit gekommen war, schickte er einen Knecht, den Pachtzins zu holen. Doch die Pächter verprügelten diesen.

„Vielleicht erkannten sie meinen Knecht nicht", dachte sich der Mann und sandte einen anderen Knecht.

Dieser wurde von den Pächtern sogar getötet.

Viele andere sandte danach der Herr noch aus, und etliche wurden verprügelt, etliche getötet.

Nun beauftragte er seinen Sohn, die Pacht einzutreiben, doch als die Pächter vernahmen, jener sei der Sohn des Verpächters, töteten sie ihn ebenfalls, denn sie sagten sich, wenn der Erbe tot ist, können wir die Weinberge unter uns aufteilen. (Mk 12. 1-9)

Und abermals huben die Umstehenden zu lachen an und riefen: „Das muss ein dummer Esel sein, der sogar seinen eigenen Sohn ausschickt und ihm nicht genügend Knechte mitgibt, seine Forderungen durchzusetzen. Hat er doch schon vordem oftmals erfahren müssen, daß seine Knechte nichts ausrichteten und sogar getötet wurden. Welch ein einfältiger Narr, der Verpächter."

Ich war verzweifelt über diesen neuerlichen Misserfolg, konnte keinen klaren Gedanken mehr fassen und forderte mit allem mir zu Gebote stehendem Pathos: „Wer Ohren hat, der höre!"

Aber alle lachten mich aus und riefen: „Ja, ja, Ohren habe wir und hören können wir auch, doch deinen Schwachsinn verstehen wir dennoch nicht."

Nun ja, meine geistigen Kräfte sind manchmal durch den Wein getrübt, aber die Übungen für meine Armmuskeln haben sich mittlerweile gelohnt. Ich halte es jetzt schon mehrere Stunden in der Haltung eines Gekreuzigten aus, ohne körperliche Beschwerden zu bekommen. Meine Muskeln sind eisenhart und die Sehnen fest wie von einem Kriegsbogen. Eine Kreuzigung zu überleben, ist mir immer noch eine vage Vorstellung, eine verrückte Idee, aber ich bereite mich dennoch ernsthaft darauf vor, sie wahr werden zu lassen. Vielleicht werde ich im letzten Moment davor zurückschrekken, aber irgend etwas in mir drängt mich zu diesem Kreuze hin – allerdings mit dem festen Willen, es zu überwinden. Es ist an sich ein Gleichnis, aber ich bin mir über dessen Sinn noch nicht ganz klar. Andererseits, es würde dadurch eine uralte Prophezeiung erfüllt, die da sagt: **„Er ist um unsere Sünden gestorben."** [61] (Jes 53. 5)

Die Prophezeiung, daß den Erlöser alle verachten, trifft ja auch recht gut auf mich zu, und um wie viel mehr werden sie mich verachten, wenn ich als Verfluchter am Schandholz, am Kreuze hänge? (Jes 53. 3 / Mk 9. 12)

Doch wenn ich nun den Tod überwinde könnte? Wenn ich dem ganzen jüdischen Volk zeigte, ich, Jeshua von Galiläa, bin wieder auferstanden von den Toten?

Ich schreie es hinaus: **„Ich bin unverwundbar!"**

Diese eingebildeten Priester und Pharisäer sollen sehen, daß sie mir nichts anhaben können. Daß sie keinerlei Macht über mich haben. Und wie sie mich jetzt verachten, ja gar verflu-

---

[61] etwa 550 Jahre vor Christus. Bezog sich **nicht** auf Jesus und auch auf keine andere Person, sondern auf das gesamte Volk Israel, (oft als **„Jakob"** angesprochen) welches während der babylonischen Gefangenschaft als „gestorben" galt und nach dieser Gefangenschaft durch einen Erlöser neu erstarken sollte. Auch: Jes 54. 1-17
Der erwartete Erlöser war jedoch kein Jude, sonder der persische König Cyrus. Er „erlöste" sie aus der babylonischen Gefangenschaft.

chen, werden sie mich nach meiner Auferstehung bewundern, verehren, anbeten!

Ich will ihnen jener Erlöser sein, auf den sie alle warten, die Juden!
Aber ich kann es nicht sein mit dem Schwert, denn ich habe keine Macht gegen jene, die unser Land besetzt halten. Ich kann dem Volk nur durch meinen Tod und meiner eindrucksvollen Auferstehung zeigen, daß es selbst – mein geliebtes und so schwer gepeinigtes jüdisches Volk – nach dieser römischen Unterdrückung wiederauferstehen wird, strahlender und stärker denn je.
Wenn ich die Prophezeiung erfülle, dann müssen sie begreifen, ich bin der Gesandte, der sie erlösen wird. Erlösen durch Einsicht und Hoffnung. Viele sind blind, aber einige wenige, die ich geistig sehend gemacht habe, ehren mich jetzt schon.
Es ist nur bedauerlich, daß vornehmlich Weiber und unbedarfte Träumer an mich glauben. Die wenigen, die mir aus Weisheit folgen, wissen, Gott Jahweh hat unser Volk aus der Fron Ägyptens und aus der Sklaverei von Babylon heimgeführt. Sie wissen, unbeirrrbarer Glaube an diesen einzigen Gott wird uns auch von römischer Besetzung erlösen, denn wir sind sein auserwähltes Volk, und ich will sein Bote sein.

Und ein Weib aus der Menge sprach zu mir, meine Mutter wäre glücklich zu preisen, mich geboren zu haben. (Th 79)

Sie wusste nicht, ich hasse meine Mutter, denn dieses verruchte Weib hat nicht gelebt nach dem Willen Gottes und hat mich in Schande geboren. (Mt 12. 46 - 50)

Ich antwortete ihr jedoch, jene Weiber werden glücklicher sein, die nicht empfangen und keine Kinder säugen, denn es gäbe nur Elend auf dieser Welt, und es wäre nicht recht, um eines kurzen Genusses willen, einen Menschen zu zeugen und in dieses Elend zu setzen (das ist auch der Grund, warum ich selbst keine Kinder zeuge).

Das Weib aber erschrak und sah mich verständnislos an, wurde ihr doch gelehrt, Kinder seien der Reichtum des Volkes Israel. Ihr Mann, der bei ihr war und meine Worte gehört hatte, wurde aufmerksam und schien mich bedrohlich anzusehen, denn Söhne zu zeugen war sein größter Stolz. Ich beschloss, meiner Rede einen anderen Sinn zu geben, und ich sprach: „Elend ist der Mensch, der von einem Leib abhängt, und elend ist die Seele, die davon abhängt." (Th 87)

Ich sprach dann zu den Männern, die mich umstanden:
„Das Königreich des Vaters ist wie ein Mann, der, eine hochgestellte Persönlichkeit (einen Gott), töten wollte. Er durchstach mit dem Schwert die Mauer seines Hauses, um zu erfahren, ob er stark genug sei, und dann tötete er die hohe Persönlichkeit." (Th 98)

Und sofort riefen alle durcheinander: „Mose und auch du selbst haben gesagt, ein Jude dürfe keinen Juden töten, und das Königreich wäre nur Einbildung. Was sollen wir dir nun glauben? Gibt es ein Himmelreich oder gibt es keines? Du sagtest selbst, es wird alles vergehen – Himmel, Erde und selbst Gott. Also, was ist nun? Was ist wahr?"

Ich war wirklich verzweifelt. Was immer ich redete, sie verdrehten meine Worte und hatten an allem etwas auszusetzen.

114

Ich war so verwirrt, ich konnte keinen klaren Gedanken mehr fassen. Also nahm ich meinen Weinkrug auf, schlug mein Tuch fester um meinen Leib und ging von ihnen.

Simon Petrus zog mich beiseite und sprach zu mir, ich möge die Marjam wegschicken, zurück nach Magdala, denn die Frauen seien des Lebens nicht wert. (Th 114)
Ich jedoch sprach mit ihm und meinte, sie wäre wohl oft etwas unangenehm, und ihre Neugierde würde mir selbst auch zu schaffen machen, aber sie wäre dennoch nützlich, da sie für uns klaglos alle niederen Dienste verrichten würde.
„Meister", sprach Petrus, „die ist doch selbst für Botengänge zu ungeschickt, und als Weib taugt sie auch nichts. Und dich quält sie die ganze Nacht mit ihren ewigen Fragen um die Erlösung und um das Himmelreich. Ich glaube beinahe, sie möchte nicht, daß du dich mit deinem Lieblingsjünger zurückziehst."
„Siehe, Petrus, ihre ständigen Fragen sind wohl oft lästig, doch sie bringt mich auch auf neue Ideen, sehe ich doch, wie Weiber seltsam denken und was sie für eigenartige Vorstellungen haben.
Ja, du hast recht, sie ist auch oft sehr störend, und ich dachte selbst auch schon mehrmals daran, sie nach Magdala zurückzuschicken, doch unsere Kleidung wäscht sie doch ganz brauchbar, und daß sie als Weib nicht viel taugt, macht sie wieder damit gut, daß sie doch, ohne zu murren, euch allen jederzeit zur Verfügung steht. Ist das etwa kein Vorteil?"

„Ja, schon, Herr, es stimmt was du sagst, doch ihr andauern-
des Gerede macht mich krank. Ich habe noch nie ein Weib
gesehen, welches ungefragt so viel redet."
„Petrus, was haderst du mit mir? Ich bestimme, wer bleibt
und wer geht, und ich will, daß sie bleibt, vorerst. Wenn sie
euch unangenehm ist, weist sie mit Schlägen in ihre Schran-
ken oder gebt euch weniger mit ihr ab. Genug andere Frauen
folgen uns willig und sind problemlos."

Irgendwann habe ich gesagt, wer seinen Acker pflügt und
zurück blickt, der kann das Himmelreich nicht erlangen.
(Lk 9. 62)
Da fragten die Schriftgelehrten, die immer wieder versuchten, mich bewusst misszuverstehen, ob dies bedeuten würde,
niemand sollte mehr arbeiten?
Sie meinten erzürnt, dann würde alles aufhören zu existieren,
denn es gäbe kein Brot, keine Milch, keinen Wein (welch
schrecklicher Gedanke), die Kleider würden nicht mehr gewa-
schen, die Weiber würden nichts kochen, da sie ja keine Zutaten hätten. Es gäbe kein dem Menschen nützliches Vieh
mehr, und letztlich würden die Menschen sterben, da es an
Nahrung fehlen würde.
Ich versuchte, eine brauchbare Erklärung zu finden, sagte, so
hätte ich dies nicht gemeint, sie hätten mich missverstanden,
man müsse meine Worte in einem anderen Zusammenhang
sehen. Doch sie ließen nicht locker, und einer rief:„Du hast
dich außerdem beklagt, du hättest keinen Ort, wo du dein
Haupt zur Ruhe betten könntest und hast gejammert, daß

116

sogar die Füchse ihren Bau und die Vögel ihre Nester hätten.
(Mt 8. 20)
Du weißt aber doch, daß die Tiere für ihre Behausungen
schwer gearbeitet haben? Wenn du es ihnen gleichtätest und
weniger predigen, jedoch mehr arbeiten würdest, hättest auch
du eine Behausung."

„Genau", sagte ein anderer: „Du erzähltest uns auch, die
Vögel säen nicht, die Vögel ernten nicht, und dennoch hätten
sie genügend zu fressen."

„Ja, ja", sagte einer der Männer, der Bauer war: „Das ist
doch Schwachsinn, da hast du wieder vom Taumelbecher
getrunken, denn die Vögel arbeiten schwer, um satt zu wer-
den.Den ganzen Tag müssen sie ihre Nahrung suchen, obwohl diese armen Tiere nicht im Paradies gesündigt haben.
Sie sollten daher besser gestellt sein als der Mensch, der ja
von Gott wegen der Sünde im Paradies dazu verdammt ist,
im Schweiße seines Angesichts seinen Acker zu bearbeiten."
(Gen 3. 17 - 19)

Da hob ein anderer Bauer die Faust, drohte mir und brumm-
te:
„Die Vögel finden doch nur, was wild wächst, oder was wir
säen. Sie stehlen also uns Bauern das Korn – wie ihr nichts-
nutzigen Prediger ja auch! Wenn wir Bauern nichts mehr
säen, so wächst nichts. Die Vögel müssten dann allein von
Wildgräsern leben – und die Menschen ebenso. Du weißt
ganz genau, ein ganzes Volk kann sich davon nicht ernähren.
Also, was sollen deine unüberlegten Worte? Du verleitest ein
Volk dazu, seine Tätigkeiten und Pflichten zu vernachlässi-
gen. Du bist ein Nichtsnutz, ein Aufrührer und Unruhestifter.
Ich verstehe nicht, daß man dich darob nicht schon längst zu
Tode gesteinigt hat."

117

„Du sagst es", schrie ein anderer, und auch er hob die Fäuste gegen mich. „Er predigt doch immer, man möge klopfen, dann werde einem aufgetan und Speise gegeben. (Mt 7. 7) Das bedeutet doch, jemand hat gearbeitet und Vorräte ange-sammelt, die er nun mit ihm und seiner Bettelschar teilen soll."

„Ja! So ist es!", riefen immer mehr dieser Landleute und machten grimmige Gesichter: „Er sucht Dumme, die für ihn arbeiten und Nahrung bereitstellen, und zum Dank verflucht er diese braven Menschen und behauptet, sie würden niemals das Himmelreich sehen. Du und dein Bettelpack, ihr seid Schmarotzer und Verbrecher!"

„Er hat auch gesagt", rief ein dicker Herbergsbesitzer: „In dem Hause aber bleibet, esset und trinket, was sie haben." (Lk 10. 7) Drohend fuhr er fort: „Und wenn sie dann alles kahlgefres-sen haben wie die Heuschrecken, dann ziehen sie weiter. Klar, daß sie da nicht selbst zu arbeiten brauchen!"

Einige griffen sich Steine und warfen sie nach mir. Nur da-durch, daß sich meine Jünger vor mich stellten und ich ei-lends entwich, konnte ich mich vor schweren Verletzungen bewahren. Der Thaddäus aber bekam einen Stein an den Kopf und blutete aus der Wunde. Ich fand, als wir uns in einen Weinberg gerettet hatten, einige Kräuter in meinem Beutel, legte ihm meine Hand damit auf, und das Blut stock-te beinahe augenblicklich. Ich nahm es als ein Wunder und meine Jünger sahen dies auch so.

Ich sprach zu meinen Jüngern: „Hütet euch vor den Schriftgelehrten, denn über ihre langen Gebete lassen sie sich von
den Witwen ernähren, bis diese nichts mehr zu geben haben." (Mt 23. 14)
„Aber Meister," sprach Marjam, die aus Magdala, „wir machen doch auch nichts anderes als jene."
„Weib, zum letzten Mal! Rede nicht, wenn du nicht gefragt
wirst! Wir machen es nicht ebenso. Wir bleiben nicht so lange, bis unsere Gastgeber selbst zu Bettlern geworden sind,
auch wenn die Pharisäer dies behaupten."
Simon grinste: „Ja, aber nur, da man uns vorher verjagt."
„Aber wir versprechen ihnen das Himmelreich – wenn sie
uns großzügig beschenken", gab Jakobus zu bedenken.
„Und wenn sie dies nicht tun, verfluchen wir sie und drohen
ihnen, es würde ihnen schlechter ergehen, als selbst den
Menschen in Sodom und Gomorra", lachte Philippus.
(Mt 10. 15)

Immer wieder versuche ich, die starren mosaischen Gesetze
menschlicher zu gestalten, ohne diese Gesetze direkt zu ändern. Doch viele Menschen hören mir zu, nicken und haben
nichts begriffen.
Andere klagen mich an, ich würde die Gesetze des Mose
brechen, denn er hätte im Auftrag Gottes befohlen, es dürfe
nichts davon geändert werden. (Deut 13.1)

Neulich lehrte ich zum Beispiel das Gleichnis vom verlorenen Sohn, der vom Vater sein Vorauserbe begehrte und fortzog. Als er alles mit Wein und Weibern verprasst hatte und Hunger litt, besann er sich auf sein Elternhaus und auf seinen vermögenden Vater und beschloss heimzukehren.

Dort angekommen, bat er seinen Vater um Vergebung, und der Vater – gerührt über die Einsicht des Sohnes – ließ für ihn die schönsten Kleider bringen und ein Mastkalb schlachten.

Der ältere Sohn jedoch ward zornig, denn er hatte all die Zeit über schwer für den Vater gearbeitet und sprach: „Obwohl ich dir redlich und treu gedient habe, war es dir niemals auch nur ein Böcklein wert, das du mir zum Geschenk hättest machen können. Jener aber, der sein Erbteil mit Huren verprasst hat, den beschenkst du."

Da sprach der Vater: „Du warst alle Zeit hier, hattest Speis und Trank, doch dein Bruder war verloren und wurde wieder gefunden. Du solltest mit uns fröhlich sein." (Lk 15. 11- 32)

Aber statt mir für diese rührende Geschichte zu danken riefen einige meiner Zuhörer: „Der ältere Sohn hat recht! Der leichtsinnige Bruder hatte die Zeit über ebenso Speis und Trank wie er, lebte ohne zu arbeiten sogar noch besser oder gar im Überfluss, doch er verschwendete sein Erbteil und hat gesündigt. Er hat keinen Anspruch mehr auf die Güter seines Vaters, denn er hat seinen Teil davon bereits erhalten und bestiehlt nun den braven Bruder an dessen Erbe."

Andere schrieen: „Hätte er nicht alles verprasst und danach Hunger gelitten, wäre er nie heimgekommen. Er kam doch nicht aus Reue zu seinem Vater zurück, sondern aus Bequemlichkeit. Ihm ist doch nie der Gedanke an Arbeit gekommen."

Haben meine Kritiker recht? Nun, wenn ich darüber nachdenke, handelt dieser Vater tatsächlich verwerflich, denn er schmälert das Erbe und Ansehen seiner arbeitsamen Söhne, indem er jenen hervorhebt, der zu nichts Nutze war.
Aber vielleicht hoffe ich für mich selbst, eines Tages so behandelt zu werden, wie der verlorene Sünder in meiner Geschichte.

Und die Jünger fragten: „Meister, haben wir dich richtig verstanden? Man kann sein Leben lang sündigen, und wenn man sein Ende nahen fühlt, genügt es, Buße zu tun, zu opfern und Gott um Vergebung zu bitten?"
Sie verstehen gar nichts. Das Volk nicht und auch nicht meine Jünger.
Als nun auch Petrus anhub zu reden, schrie ich ihn an: „Hebe dich hinweg Satan, du bist mir ebenso ein Ärgernis wie die anderen." (Mt 16. 23)

„Meister", fragten mich gestern meine Jünger, „weshalb machst du dir so viele Feinde? Sie haben doch recht. Du sprichst oft Unverständliches oder gar Dinge, die keinerlei Sinn ergeben oder oft auch nicht richtig sind. Und das mit dem Himmelreich hast du uns immer noch nicht erklärt. Einmal sagst du, man dürfe seine Toten nicht begraben und nicht mehr arbeiten, um das Himmelreich zu erlangen. Dann wiederum sagst du, Erde und Himmel würden vergehen. Da gäbe es dann doch kein Himmelreich mehr für all die Auferstandenen. Und oft sagst du, das Himmelreich wäre in uns. Da hätten wir es ja bereits und müssten nicht mehr danach streben.Herr, sag uns endlich woran wir sind. Wir alle sind sehr verunsichert, denn wir wollen das Richtige tun, doch deine Worte sind widersprüchlich und beinahe täglich anders. Dies verwirrt uns sehr."

Ich sah einen nach dem anderen ernst an und sprach: „Wer Augen hat, der ...."

„Ja, ja", unterbrachen sie mich unwirsch, „das ist keine Antwort auf unsere Fragen!"

Müde wandte ich mich ab und sagte leise – wie zu mir selbst: „Ihr müsst noch viel lernen, und wenn meine Zeit gekommen ist, werdet ihr auch verstehen. Jetzt ist euer Herz noch verstockt, und ihr begreift nicht, doch wenn der Vater im Himmel will, so wird er euch zur festgesetzten Zeit die Augen öffnen. Und fragt mich nicht, wann diese Zeit kommen wird – das weiß allein der Vater im Himmelreich. Aber ich sage euch, die Zeit ist nahe, sehr nahe!"

Sie ließen nicht ab von mir! Sie waren stur wie das Weib aus Magdala: „Aber Meister, wenn das Himmelreich vergeht oder gar nur in unserer Einbildung besteht, wo ist dann der Vater des Himmelreiches?"

„Ihr fragt wie die Weiber und die Kinder! Ihr ärgert mich gewaltig!", sagte ich lauter. „Wisset denn, selbst wenn Himmel und Erde vergehen, Gott und sein Reich sind ewiglich. Daher müsst ihr euch keine Gedanken darüber machen, daß ihr dann keinen Ort zum Verweilen finden werdet."

Sie standen zusammen. Erst stumm. Doch dann hörte ich jemand aus der Schar murmeln: „Ich denke, er weiß auch nichts und redet nur so daher, genau so, wie es ihm gerade passt."

Ich war zu müde, um mit diesem Aufrührer zu rechten, trank den restlichen Wein und lehnte mich mit Johannes an den Stamm eines knorrigen Olivenbaumes, um zu schlafen.

Die Tage sind heiß und einförmig. Wir ziehen durch das staubige Land und scheuern unsere Füße an den Steinen der Wege wund. Unsere Speise ist karg, denn die Juden sind geizig und geben uns lieber harte Worte als weiches Brot.

Und abermals fragten mich die Pharisäer, weshalb ich die Ehescheidung ablehnen würde, hatte es doch Mose als von Gott gegeben verkündet, man könnte seinem Weib einen Scheidebrief geben und wäre es dann los.

Ich erklärte ihnen, ich würde eine Trennung nur bei nachweislichem Ehebruch des Weibes tolerieren.[62]

Da riefen sie wie aus einem Munde, es brauche in diesem Falle keinen Scheidebrief, da das Weib ohnedies zu Tode gesteinigt würde.

„Nein", sagte ich ihnen, „es ist nicht gut, wenn ihr sie steinigt, und der Scheidebrief ist auch nicht gut, denn Gott hat

---

[62] Nach dem Bartholomäusevangelium verwarf er das Weib erst, wenn es sich öfter als dreimal (!) verheiratete. Demnach lehnte er die Scheidung nicht grundsätzlich ab.

gesprochen, ein Mensch wird Vater und Mutter verlassen und dem Weibe anhängen. Somit sind sie ein Fleisch, (Gen 2. 24) und der Mensch darf nicht trennen, was Gott zusammengefügt hat. (Mt 19. 6)

Und abermals riefen sie wie im Chor: „Mann und Weib sind niemals ein Fleisch!"

Ihr Anführer aber legte seine Meinung ruhiger und bedächtiger dar: „Da wäre es ja noch sinnvoller, Mutter und Kind als ein Fleisch zu bezeichnen. Und diese trennen sich auch. Diese Worte bedeuten nur, Mann und Weib liegen ehelich zusammen und verschmelzen somit scheinbar, sind also „eines!"

Du, Jeshua, hast wohl die Thora gelesen, doch nichts verstanden! Denkst du, Mose hätte die Gottesgebote nur erfunden und aus reiner Gefälligkeit den Scheidebrief erlaubt?"

Er sah mich mit harten, zusammengekniffenen Augen an:

„Und noch ein Beispiel, Jeshua! Da du ja selbst bildhafte Beispiele magst, betrachte die Feige: Jedes Kind weiß, man muss die Früchte schälen, um nicht eine brennende Zunge zu bekommen. Nun, Gott hat die Frucht samt Haut erschaffen. Darf man die Haut deshalb nicht entfernen, da man nicht trennen darf, was Gott zusammengefügt hat? Oh, Jeshua, du bist ein weinseliger Narr mit deinen Auslegungen!

Schon der Prophet Jeremia hat gewarnt vor falschen Propheten wie dich. Gott hat durch ihn das Volk eindringlich davor gewarnt, daß solche Verführer kommen würden, und obwohl diese nicht von Gott gesandt wurden, würden sie es behaupten. Gott hat auch davor gewarnt, daß diese Pseudopropheten angeblich den Frieden bringen würden, was absolut falsch ist, denn Gott wünscht keinen Frieden, und es soll auch keinen geben. Du bist ein Lügner und falscher Prophet, Jeshua."

(Jer 14. 13,14 / Hes 13. 1-23)

124

Heute habe ich meine Jünger so beten gelehrt, wie es Johannes der Täufer seinen Jüngern lehrte. (Lk 11. 1)
Es waren aber noch einige Zuhörer da, und die wollten es auch wissen.

Ich meinte es gut mit ihnen und versuchte, das Gebet so kurz wie möglich zu halten, doch es ist immer einer in der Schar, der etwas nicht versteht oder dagegen redet.

So habe ich sie gelehrt: >Dein Name werde geheiligt< und auch >Dein Wille geschehe< und schon sprach ein Neunmalkluger: „Meister, wir dürfen den Namen nicht wissen und nicht aussprechen, wie sollen wir einen Namen, den wir nicht wissen und kennen, heiligen?"

„Eben weil ihr den Namen nicht kennt, ist er geheiligt. Versteht ihr das nicht?"

„Nicht ganz", gab der Mann zu, während schon sein Bruder auf mich einredete: „Wenn Gottes Wille geschieht, weshalb gibt es dann Sünden?", wollte er wissen. „Wenn stets der Wille Gottes geschieht, kann ja nichts geschehen, das nicht seinem Willen entspricht, und deshalb braucht man auch nicht zu beten, sein Wille möge geschehen, denn Gottes Wille geschieht unabhängig davon, ob wir darum bitten oder nicht."

„Du wähnst deine Rede klug, aber sie ist nur frech", antwortete ich und wandte mich meinen Jüngern zu, die sich bereits wieder schützend um mich versammelt hatten.

Doch da rief Johannes, mein geliebter Jünger: „Wenn wir beten: >Gib uns unser täglich Brot<, so fordern wir ja Gott auf, uns täglich Nahrung zu verschaffen, ohne daß wir dafür arbeiten müssten.Ist es nicht etwas gewagt, wenn wir nicht bitten, sondern fordern und einfach sagen: >Gib mir!< Wir nötigen Gott doch auf diese Weise. Ich finde, das ist etwas unhöflich unserem Gott gegenüber. Und wenn er mir nicht das tägliche Brot schafft, bin ich dann zornig auf ihn, oder was?"

„Genau, das stört mich auch", rief Philippus mit lauter Stimme, „wir fordern Gott auf, er möge unsere Sünden vergeben und weisen gleichzeitig darauf hin, daß wir ja ebenfalls unseren Schuldnern vergeben. Das bedeutet, wir deuten darauf hin, wir würden vergeben, und mit diesem Hinweis erwarten wir von Gott, daß er sich ebenso verhält wie wir und nun seinerseits unsere Sünden vergibt. Da ist es ja ein Widerspruch, wenn wir beten: >**Dein Wille geschehe**< und dann **fordern** wir, **er** möge tun wie **wir** und uns daher ebenfalls unsere Sünden vergeben.

Und ebenso fordern wir ihn auf, uns nicht in Versuchung zu führen und uns zu erretten.

Statt demutsvoll zu flehen, er möge uns helfen, fordern wir einfach. Das finde ich nicht gut. Und weshalb sollen wir verlangen, Gott möge uns nicht in Versuchung führen? Macht er das etwa? Ich dachte, nur Satan würde uns versuchen. Tut das auch unser Vater im Himmel? Und wozu? Hat er Freude daran zu sehen, wie seine Geschöpfe hilflos seinem Willen gehorchen? (Dein Wille geschehe) Und verlangt dann – da man ja gesündigt hätte (sein Wille ist geschehen) – Opfer zu bringen? Ja, ich weiß wohl, daß er Gefallen findet am lieblichen Geruch verbrannter Eingeweide, aber muss er uns dafür bewusst sündigen lassen?

Da stimmt etwas nicht. Da wäre ja Gott ein genauso schadenfroher Verführer wie Satan!"

Schrecklich! Ich rede mich immer wieder in Situationen, aus denen ich dann nicht mehr herausfinde. Vielleicht sollte ich mit dem ganzen Predigen und Lehren aufhören? Aber meinen gestählten und zu Höherem bestimmten Leib in die Fron der Feldarbeit zwingen? Oder als Bauarbeiter dienen wie mein Ziehvater? Nein, das ist nicht meine Bestimmung!

„Also gut", antwortete ich langsam und versuchte klare Gedanken zu fassen, „ich sehe, ihr denkt mit, und das freut mich. Es ist immer schön, wenn man eine Schar kluger Menschen um sich hat, die auch eigene Gedanken haben und nicht nur mit dem Kopfe nicken, wenn ihnen etwas gepredigt wird.

Nun zu euren Fragen und Einwänden: Natürlich muss man mit der nötigen Achtung und mit Demut seine Bitten vorbringen.

Es ist klar, es geschieht immer Gottes Wille, und daher ist es so aufzufassen, daß wir uns voll bewusst sind, daß stets sein Wille geschehen werde.

Wenn wir derart beten, ist dies die Bestätigung, wir sind uns dessen bewusst.

Und weiter, wenn wir bitten, er möge uns nicht in Versuchung führen, so verhält es sich ähnlich. Wir fordern nicht, er möge uns nicht zur Sünde verführen, sondern bitten darum, er möge Versuchungen, wie etwa den Satan, von uns fernhalten, denn wir haben den freien Willen, uns für Gut oder Böse zu entscheiden, doch wir sind schwach und erkennen oft die Versuchung nicht. Und überdies, Gott versucht niemanden."

„Ach nein? Und wie war das seinerzeit mit Abraham? Gott hatte ihn aufgefordert, seinen eigenen Sohn zu opfern. War das etwa keine Versuchung? Hätte Abraham seinem freien Willen folgen sollen und sagen: >Nein, das mache ich nicht< und damit sich dem Befehl Gottes widersetzen?"

„Nein, denn damals war es üblich, seinen erstgeborenen Sohn zu opfern, ohne ihn zu lösen, wie es bei uns seit vielen Jahren gebräuchlich ist. Gott hat also Abraham nicht versucht, sondern im Gegenteil: Er hat Abraham im letzten Moment davon abgehalten, seinen erstgeborenen Sohn zu opfern und einen Widder als Brandopfer bereitgestellt. So zeigte Gott, daß er an Menschenopfern keinen Gefallen mehr findet."

„So, so", warf einer ein, „und weshalb haben die Israeliten noch bis in die Zeit der Zerstörung Jerusalems[63] ihre eigenen Kinder geopfert? Und weshalb nahm Gott diese Opfer offenbar gerne an? Jedenfalls hatte er sie nie abgelehnt, oder die Kindesmörder dafür bestraft." (Hes 16. 21)

Ich wundere mich oft, wie wissend meine Zuhörer um die Geschichte unseres Volkes sind, und es fällt mir schwer, ihnen eine passende Antwort zu geben. Also sagte ich: „Die Israeliten waren stets dem Einfluss anderer Götter ausgesetzt und wurden dazu verführt, diesen Göttern ihre Kinder zu opfern. U n s e r Gott will keine Menschenopfer."

„Herr, du gibst also zu, es gibt andere Götter und meinst, diese hätten so viel Macht gehabt, die Israeliten zu den Kindesopferungen zu verführen? Aber erkläre mir, wieso sah unser Gott dann diesem Treiben für Jahrhunderte tatenlos zu?"

„Nein", sagte ich ungeduldig – und bereits wütend auf dieses spitzfindige Gerede eines Menschen, der nicht verstehen wollte – „ich gebe gar nichts zu! Es gibt nur unseren Gott als alleinigen und einzigen Gott. Alles andere ist Lüge oder Einbildung, eine Lüge, der nur Verblendete unter den Juden verfallen. Unser Gott hat wohl eine Weile dem Morden zu-

---

[63] 587 v. Chr.

gesehen, doch er hat immer wieder Israel für derartige Sünden bestraft und uns in die Knechtschaft anderer Völker gegeben. Leider hat dies nie etwas genützt. Sind damit nun endlich eure Fragen beantwortet?"

„Nun ja, wenn du das so erklärst. Aber im Psalm 82 steht geschrieben, unser Gott sei Richter unter den anderen Göttern, und das sagt klar aus, es gibt mehrere Götter. Und die vielen Götter der Griechen und Römer kann man nicht als Einbildung abtun. Wie könnten sonst die Römer über uns und unseren Gott herrschen? Ihre vielen Götter scheinen mir sogar mächtiger als unser alleiniger Gott, und ich kann mir nicht vorstellen, Römer und Griechen sind so dumm, daß sie an eingebildete Götter glauben?"

Mich beschlich das unbestimmte Gefühl, dieser in ein etwas teureres Gewand gehüllte Fremde war ausgesandt, um mich und meine Jünger zu bespitzeln. Will er wissen, ob ich die Römer und ihre Götter schlecht mache? Ich muss vorsichtig sein, denn meine Zeit ist noch nicht gekommen. Also ließ ich mich auf den Diskurs ein und antwortete vorsichtig: „Nein, die Römer sind nicht dumm, nur fehlgeleitet durch ihre Priester. Sie haben unendlich viele Priester, denn sie brauchen ja für jeden Gott und für jede Göttin eigene.

Wenn alle diese Priester plötzlich nur den Kult für einen einzigen Gott ausrichten würden, käme das Volk und würde murren: >Wozu haben wir diese Massen von Priestern, die wir mit unseren Spenden ernähren müssen?<

So aber sind die vielen Priester notwendig, denn sie müssen sich um viele Götter – die es in Wahrheit gar nicht gibt – sorgen. Deshalb sagen sie dem Volk in ihrem eigenen Interesse nicht, daß es nur einen Gott gibt. Sie wissen es aber sehr wohl."

Mit dieser Rede glaubte ich weder die Römer noch deren Götter beleidigt zu haben, ja selbst die Priester hatte ich als weise, wenn auch heuchlerisch hingestellt.

Sie waren nicht ganz überzeugt von meinen gestrigen Worten, das fühlte ich. Und ich beargwöhne noch immer jenen hageren, gut gekleideten Mann, der mich am Vortag mit seinen Fragen in die Enge getrieben hatte. Ich gehorche meinen plötzlichen Eingebungen, wenn ich predige und hoffe, daß man dem Klang meiner Stimme folgt, und nicht so kleinlich den Sinn meiner Worte spitzfindig hin und wider wendet wie ein neues Gewand, um dem Schneider den Lohn streitig zu machen.

Heute, ich muss es zugeben, habe ich mich leider abermals in Widersprüchen gefangen.
Ich sprach vor viel Volk und sagte, wenn man einen Freund mitten in der Nacht aufsuchen würde, um Brot zu erbitten und dieser würde sich nicht erheben, denn er hätte sich bereits zur Ruhe begeben, so solle man getrost an die Türe pochen, bis jener dann schließlich doch öffnen würde.
(Lk 11.5 - 8)

Und dann erklärte ich ihnen, sie mögen nur lange genug mit Unverschämtheit pochen, damit ihnen stets aufgetan werde, und ebenso würde es sich mit dem Himmelreich verhalten.

Doch schon protestierten einige: „Rabbi, wenn wir nächtens so lange klopfen, bis der Hausherr endlich doch öffnet, hetzt er seine Hunde auf uns, oder seine Knechte prügeln uns davon. Er gibt uns jedoch sicher nicht das, worum wir ursprünglich gebeten haben. Und wenn wir ebenso gewaltsam Einlass ins Himmelreich begehren – obwohl du selbst einmal gesagt hast, es gibt keines –   dann wird man uns auch da nicht einlassen, sondern verjagen."

„Hört mir endlich damit auf, ich hätte gesagt, es gäbe kein Himmelreich. Natürlich gibt es eines, und wenn ihr macht, was ich euch sage, dann werdet ihr auch dorthin kommen!", rief ich.

„Aber wenn die Erde und auch das Himmelreich vergehen, wo sollen wir dann bleiben?", jammerten sie.

„Ihr quält mich schrecklich. Begreift doch endlich, die Erde vergeht beim letzten Gericht, aber der Himmel wird nicht wirklich vergehen, sondern von allem Üblen gesäubert, eben umgestaltet."

„Aber Meister, wovon soll der Himmel gesäubert werden? Ist er doch seit ewigen Zeiten ein vollkommener Ort, oder etwa nicht?

Und wenn nur die Erde untergeht – du sagtest doch die Sterne fallen alle auf die Erde – wo fallen dann die Sterne hin?"

„Ihr unverständigen Narren, ihr fragt wie die Kinder!", schalt ich sie. „Der Himmel wird gesäubert von den ungehorsamen Engeln, und die Sterne fallen zuerst auf die Erde, und erst dann wird diese vergehen."[64]

„Aber der Himmel bleibt?"

---

[64] Heute wissen wir, Jesus hatte keine Ahnung davon, wie ungeheuer zahlreich und wie riesig diese Sterne sind. Wie hätten Milliarden davon auf die Erde fallen können? Oder auch nur die Sonne? Die doch um so viel größer ist als die Erde?

„Ja , ihr Kleingläubigen!"
„Aber du hast ..."
„Ruhe jetzt! Ist noch Wein da?"

Abermals hatte ich heute schwere Differenzen mit den Pharisäern, die mich immer mehr bedrängen.
Sie sagten, was ich über mich sagen würde, würde nicht gelten, denn ich gebe Zeugnis von mir selbst und niemand sonst könne meine Worte bestätigen. (Jh 8. 14)
Wir stritten eine ganze Weile und letztlich beschimpfte ich sie und rief ihnen zornig zu: „Ich zeuge von mir selbst, und auch mein Vater, der mich gesandt hat, zeugt von mir."
Da schrieen sie: „Wo ist denn dein geheimnisvoller Vater?
(Jh 8. 19) Niemand hat ihn je gesehen und auch deine Mutter kennt ihn nicht. Und der will für dich zeugen? Soll er doch kommen und sich zu dir bekennen. Aber wir denken, an solch einen mißratenem Sohn wird er kaum interessiert sein."
In meiner Wut habe ich ihnen noch zugerufen: „Mose hat von sich ja auch nur selbst gezeugt. Er war ja ganz allein, als er mit Gott sprach, und dennoch glaubt ihr an ihn und an seine Gesetze!"
Und ich verhieß ihnen: „Wer meinem Wort vertraut, der wird niemals sterben." (Jh 8. 51)

Da riefen sie, sie würden nun erkennen, daß ein böser Geist in mir wäre, denn ich verspräche die Unsterblichkeit. (Jh 8. 52)
Andere schrieen, es wäre kein böser Geist in mir, aber jede Menge Wein.

„Der weiß doch nicht, was er redet", sprach ein Alter mit langem zerzaustem Bart abfällig, „der widerspricht sich doch selbst, hat er doch ebenfalls gesagt, was er von sich zeugen würde, sei **nicht** wahr. (Jh 5. 31)

Hört ihn erst gar nicht an, den falschen Propheten, denn wenn – wie er selbst zugibt – nicht wahr ist, was er sagt, dann verbreitet er doch nur Lügen. Ich kann es überhaupt nicht verstehen, daß unsere Obrigkeit solch einen Abschaum frei umherlaufen lässt."

Schon wieder musste ich – beschämt und beschimpft – den Ort meines Wirkens verlassen. Bin ich tatsächlich ein falscher Prophet, vor dem die Thora gewarnt hatte?

Ich hasse mich, und ich hasse meine Mutter, die an all dem die Schuld trägt, denn sie hat mich zu einem Niemandssohn gemacht.

Anderntags habe ich meinen Zuhörern erklärt, ich würde alle für eine Schafherde halten, und ich wäre der gute Schäfer, der sogar sein Leben für das Wohlergehen seiner Lämmer hingäbe.

Ich habe ihnen auch erklärt, ich würde die versprengten Schafe zu mir herführen, doch sie begriffen nicht, daß ich damit die versprengten Stämme Israel meinte, die ich vereinen will. (Jh 10 16ff)

Ich sah in ihren Augen stupides Unverständnis, und meine Wut über diese Narren riss mich hinweg: Neuerlich behauptete ich, ich könnte ewiges Leben verleihen. (Jh 5. 24)

Aber nicht genug damit, ich behauptete, ich hätte alle Vollmachten vom Vater, und ich und der Vater seien eins.
(Jh 10. 30)

Die einen lachten und riefen: „Von welchem Vater spricht er? Sein Ziehvater ist ein Simpel, und seinen echten Vater kennt niemand, er selbst auch nicht, also, von wem spricht er?"

Andere jedoch griffen sich Steine und schrieen: „Er glaubt, er ist Gottes Sohn! Steinigt ihn zu Tode!"

Diese Narren! Steht in der Thora doch geschrieben, Juden wären Söhne des Höchsten. (Ps 82. 6)
Ich bin also der Sohn des Höchsten, genauso wie sie selbst, und dafür wollen sie mich steinigen? Auch wenn ich meinen irdischen Vater nicht kenne, eines ist gewiss, ich bin Jude und somit Gottes Sohn.

Die aufgebrachten Pharisäer aber wollten mich ergreifen, doch ich floh über den Jordan ins jenseitige Land.

Ich benötige dringend ein Wunder! Die Auferweckung des bewusstlosen Mädchens aus Galiläa, hatte für mich auch nicht den gewünschten Erfolg gehabt (Mt 9. 24).
Die halbe Welt ist mein Feind, meine Jünger und das einfältige Volk sind unsicher über meine Person und meinen Auftrag, und auch der Wein macht mir schwer zu schaffen. Trinke ich nicht, beginnen meine Hände zu zittern, ich be-

ginne am gesamten Leib zu schwitzen und quäle meine Umgebung mit Wutanfällen.

Trinke ich meine gewohnte Menge, fühle ich mich erhaben über alle anderen, doch sage ich oft wirres Zeug, bin unsicher auf den Beinen und lasse nicht mit mir reden.

Oft wollen meine Jünger mir raten, doch das lasse ich nicht zu. **Ich** bin der Meister!

Als ich gestern gerade ein Wunder herbeisehnte, kamen Mirjam und Martha aus Bethanien vorbei und berichteten, ihr Bruder Lazarus wäre schwer krank, doch sie dächten, er würde sich dennoch bald erholen.

Da kam mir ein verlockender Gedanke. Ich kannte Lazarus gut: ein hübscher Jüngling, mit dem ich manch schöne Zeit verbracht hatte, und der schweigen konnte.

Ich erklärte den Schwestern meinen Plan und sandte sie eilends an ihren Ort nach Bethanien zurück.

Einige Tage hatte ich den Schwestern Zeit zur Vorbereitung gelassen, dann sprach ich zu meinen Jüngern: „Lasset uns wieder nach Judäa ziehen. Lazarus ist gestorben."

Sie wunderten sich sehr, daß ich vom Tod meines lieben Freundes Lazarus wisse und ängstigten sich auch, da man uns in Judäa doch hatte steinigen wollen.

Sie wussten nicht, daß ich ein eindrucksvolles Wunder geschehen lassen wollte, um meine Widersacher zum Schweigen zu bringen.

Wir kamen nahe an Bethanien, da liefen uns die beiden Schwestern aufgeregt entgegen und riefen schon von Ferne: „Herr, dein geliebter Lazarus ist verstorben und liegt bereits im Grab! Wärest du eher gekommen, du hättest ihn sicher heilen können."

Inzwischen hatten andere aus dem Ort das Geschrei vernommen und waren neugierig hinzugekommen und auch einige Pharisäer waren darunter. Das konnte mir nur recht sein.

Ich kündigte ihnen an, ich würde meinen Freund Lazarus wieder lebendig machen, denn es wäre schade, daß er so jung bereits verstorben sei.

Gemeinsam gingen wir alle zur Grabstätte hinaus, und ich befahl, den Stein zu entfernen, doch Martha weinte und schluchzte mit stockender Stimme: „Meister, er ist schon vier Tage im Grabe, er stinkt schon." (Jh 11. 39)

Ich ärgerte mich ein wenig, denn ich hatte ihr doch aufgetragen, nicht zu übertreiben und ganz natürlich zu wirken, aber was will man von unständigen Weibern erwarten?

Ich bestand also darauf, das Grab zu öffnen.

Mit hocherhobenen Armen und lauter Stimme pries ich Gott den Allmächtigen und flehte ihn an, er möge meine Bitte erhören und alle Anwesenden zu Zeugen machen, wenn Lazarus vom Tode wieder auferstehen werde. (Jh 11. 42)

Mit lauter, befehlender Stimme rief ich: „Lazarus, komm heraus!"

Ich musste innerlich lachen: Könnte ich ihn tatsächlich von den Toten wieder auferwecken, es hätte wohl nicht meines Rufes bedurft, er wäre sicher von selbst aus dem Grabe geeilt.

Wir alle blickten erwartungsvoll zum Grabeingang – doch nichts geschah. Einige begannen zu kichern und meinten, ich hätte mir da wohl etwas zu viel vorgenommen.

Auch mir kamen langsam Bedenken. Wenn sie ihn nun zu fest in die Tücher gebunden hätten? Wenn er nun erstickt war? Wie könnte ich mich hier wohl aus dieser verfahrenen Situation retten? Schweißtropfen standen auf meiner Stirn. Ich ließ resignierend die erst so fordernd erhobenen Arme sinken .

Die Unruhe der Anwesenden machte sich in dummen Bemerkungen und lautem Lachen bemerkbar, und auch ich sah meine Jünger hilflos an. Jetzt konnten wir nur noch beten und die Flucht ergreifen.

Doch da! Wie ein großer Wurm erschien, sich mühsam am Boden windend und drehend, sich um sich selbst rollend und stöhnende Geräusche von sich gebend, mein lieber, fest in Leichentücher gebundener Lazarus.

Ich konnte mich eines befreienden Lachens kaum erwehren und musste einen heftigen Husten vortäuschen. Man hatte den armen Kerl tatsächlich von Kopf bis zu den Füssen allzu fest in linnene Tücher gewickelt.

Ich eilte zu ihm, und auch andere kamen nun herbeigeeilt, um den armen Lazarus von seinen Grabtüchern zu befreien.

Die Menge schrie wirr durcheinander und sprach Worte der Wertschätzung und Hochachtung für mich aus. Ach, wie gut es tut, anerkannt und geehrt zu werden und nicht beschimpft, verjagt oder mit Steinigung bedroht zu sein.

Mein Blick fiel auf den erschöpften Freund. Mein armer lieber Lazarus! Welche Qualen musste er wohl erduldet haben, nur um mir das Wunder seiner theatralischen Auferstehung ermöglichen zu können. Ich hatte Tränen in den Augen und umarmte ihn innig. Da muss ich mir aber etwas Besonderes einfallen lassen, um die Qualen, die er in diesem stickig heißen und nächtens ungemütlich kalten Grab hatte erleiden müssen, gebührend zu vergelten.

Erst hinterher erfuhr ich, daß die Priester und Pharisäer von meinem „Wunder" kaum beeindruckt waren und ich dadurch keineswegs den gewünschten Achtungserfolg bei ihnen erzielt hatte.
Sie glaubten sofort an Lug und Trug – möglich, daß die blöden Weiber im Geplapper etwas verraten hatten oder aber sie hatten an den mit Exkrementen verschmierten Leichentüchern erkannt, Lazarus hatte unter den Bandagen gelebt und war nie verstorben gewesen![65]

Durch einen Vertrauten aus meiner Schar erfuhr ich, daß nach diesem, meinem spektakulärsten Wunder, die jüdische Obrigkeit beschloß, mich so rasch wie möglich zu töten, um keinen Aufruhr durch allzu viele Neugierige und Wundergläubige, insbesondere beim bald bevorstehenden Passahfest, zu riskieren. (Jh 11. 46-53)
Sie sehen in mir nicht den besonderen Menschen, der Kranke heilt und Tote auferweckt, sondern einen Aufrührer und Unruhestifter, einen falschen Propheten und Betrüger, der bestehende Gesetze bricht und durch allerlei Tricks „Wunder" vollbringt.

---

[65] Denkbar, daß die Priester die ägyptische Geschichte kannten, nach der Osiris (hebr. El Lazar) ebenfalls zum Leben erweckt wurde. Die Namensähnlichkeit mit dem Lazarus (!) der Bibel scheint mehr als zufällig zu sein.

Sie sagten sich auch, selbst wenn es kein Trick gewesen wäre, ist jemand, der entgegen dem göttlichen Willen, einen bestimmten Menschen sterben zu lassen, diesem – gegen Gottes Ratschluss – wieder zum Leben verhilft, vom Teufel gesandt und unzweifelhaft ein falscher Prophet und muß daher nach dem Gesetz des Mose zu Ehren Gottes sterben.

Sie wollten keinesfalls während des Passahfestes unter der Bevölkerung Jerusalems und den Scharen von Pilgern einen unliebsamen Anlaß für einen Aufruhr wissen und fürchten panisch die vielen Verletzten, und wohl auch Toten, durch die vorherzusehenden brutalen Reaktionen der Römer.

Seit der „Auferstehung" des Lazarus ist mein Tod unter den Priestern also beschlossene Sache. Wenn ich in Frieden weiterleben will, muss ich für die Priester „sterben", für meine Anhänger jedoch wiederauferstehen.
Ich muss meinen Plan, gekreuzigt zu werden und diese Tortur zu überleben, bald in die Tat umsetzen.
Ich denke, mein lieber Freund Lazarus sollte besser fliehen.
Die Priester hatten beschlossen, auch ihn zu töten, da sie in ihm enen Betrüger und Unruhestifter sahen, der mit seiner vorgetäuschten Auferstehung viel Volk anlockte. (Jh 12. 10,11)

Ich versuche schon seit längerer Zeit, nicht mehr so viel Wein zu trinken. Es fällt mir sehr schwer, doch ich weiß, mein Leben hängt davon ab, daß ich nüchtern und stark bin. Meine Kraftübungen habe ich nun schon seit beinahe drei

Jahren eifrigst betrieben, und ich könnte sogar ohne Holz-klotz[66] unter den Füssen stundenlang wie tot an einem Schandpfahl hängen.

Selbst im Traum spiele ich diese Kreuzigung durch, träume meinen „Tod" und meine „Auferstehung". Aber ein Traum ist nicht die Wirklichkeit, deshalb muss ich meine Hinrichtung so planen, daß ich zu einem Zeitpunkt von den Häschern gefasst werde, der es ihnen nicht erlaubt, mich lange eingekerkert zu lassen. Ich muss die Zeit bewusst so wählen, daß ich möglichst rasch verurteilt und anschließend so schnell wie möglich gekreuzigt werde.

Doch was ist, wenn sie mich köpfen wie Johannes? Dann sind alle Vorbereitungen vergebens, mein Tod unausweich-lich.

Ich muss trotz des Ernstes der Situation lachen. Welch schaurig komische Vorstellung: Ich stehe am dritten Tage auf von den Toten und erscheine dem Volk mit meinem Kopf unter dem Arm...

Unsinn! Ich muss fest darauf vertrauen, daß sie mich kreuzigen werden. Ja, Vater im Himmel, ich muss glauben und vertrauen.

Mein Plan ist inzwischen zur Vollkommenheit gereift. Ich habe in Gedanken den Ablauf der Geschehnisse viele Male durchgespielt: Ganz entscheidend für mein Vorhaben ist der

---

[66] suppedaneum

Ort, denn es geht nicht an, daß ein Prophet ausserhalb Jerusalems getötet wird. (Lk 13. 33)

Ich werde also vor dem Passah Fest in Jerusalem erscheinen. An diesem Festtag sind immer große Menschenmassen in der Stadt, und die Obrigkeit fürchtet panisch jeden Aufruhr. Sie werden mich so rasch wie möglich festnehmen, ohne großes Aufhebens zum Tode verurteilen und anschließend, zur Abschreckung anderer Sektenführer, spektakulär kreuzigen.

Für das einfache Volk sind Hinrichtungen stets eine willkommene Abwechslung und Belustigung.

Der Vorteil für mich: Ich muss nicht lange im Kerker ausharren und kann mich im Vollbesitz meiner geistigen und körperlichen Kräfte auf die Kreuzigung konzentrieren. Ärgerlich nur, wenn sie die Stricke allzu fest um meine Arme binden und mir das Blut damit abschnüren. Das werde ich mit Muskelanspannungen zu vermeiden versuchen.

Dieses Jahr ist besonders günstig für mein Vorhaben, denn der Beginn des Festes, der Rüsttag, ist wie stets ein großer Sabbat[67] und kein gewöhnlicher Wochen-Sabbat, was vom Zeitablauf für mich günstiger ist, denn bereits nach dem nächsten Tag[68] folgt der gewöhnliche Wochen-Sabbat, an dem abermals jede Tätigkeit zu ruhen hat.

Ich muss trachten, daß ich vor diesem „Grossen Sabbat" verurteilt und ans Schandholz gebunden werde, denn am Vorabend eines Sabbats, noch vor Einbruch der Dämmerung, muss nach den Vorschriften ein Gekreuzigter bereits in seinem Grab liegen.[69] (Deut 21. 23)

---

[67] fiel im Jahre der Kreuzigung auf einen Donnerstag

[68] Freitag

[69] oder anderweitig „entsorgt" werden, etwa auf der Mülldeponie. Jedenfalls muss der Leichnam vom Kreuz abgenommen sein.

Irgend einen vertrauenswürdigen Helfer muss ich noch finden, der mich gleich nach meiner Bestattung, nachdem sich alle entfernt haben, wieder aus dem Grabe befreit.

Am Freitag, dem Tag, der auf den großen Sabbat folgt, könnten sie den Stein ruhig wegwälzen und nachsehen, ob ich noch im Grabe liege. Das wäre kein Problem, denn dann bin ich schon in einem sicheren Versteck und sie können meinetwegen annehmen, ich sei – wie prophezeit – auferstanden. Doch ich denke, da werden sie noch nicht kommen, um mich salben zu wollen.
Die Weiber werden erst Freitag Spezereien kaufen und das Salböl bereiten. Anschließend muss das Öl über Nacht die Wirkstoffe aus den Kräutern ziehen.
Tags darauf ist der normale Wochen-Sabbat. An diesem Sabbat hat wieder alle Arbeit zu ruhen. Erst tags darauf, am Sonntag werden die Weiber mit den gekauften Kräutern und den zubereiteten Salben und Ölen zum Bestattungsort kommen. Sie werden das Grab dann in jedem Falle leer finden.
Ich werde vorbeugend jetzt schon vermehrt verkünden, ich werde auferstehen von den Toten.
Wenn sie mich dann nicht mehr im Grabe vorfinden, machen sie sich hoffentlich keine allzu großen Gedanken um den Verbleib meines Körpers.
Sicher, die ewigen Zweifler werden annehmen, meine Jünger hätten mich weggeschafft, doch das stört mich nicht.
Andererseits – wenn ich meine Auferstehung zu vielen Menschen ankündige und die Priester auf den Gedanken kommen, mein Grab bewachen zu lassen, wird es für mich schwierig werden, rechtzeitig aus dem Grab zu entfliehen.

Doch noch etwas spricht dafür, wenn ich meine Hinrichtung gerade für das diesjährige Passah Fest plane. Ein Grossteil der sonst in Jerusalem stationierten römischen Truppen ist an die Grenze zu Syrien verlegt worden, um dort einen Aufstand niederzuschlagen. Somit kann es auch der römische Prokurator Pilatus, der mit Sicherheit von Caesarea ebenfalls zu den hohen Feiertagen nach Jerusalem kommen wird, nicht wagen, sein Veto gegen eine rasche Verurteilung einzulegen. Ohne Unterstützung seiner Truppen muss er alles vermeiden, was in dem von Pilgern überfüllten Jerusalem zu einem Aufruhr führen könnte.

Zu diesem hohen Festtag ist auch der, normalerweise in Tiberias residierende, Herodes anwesend und kann das Urteil des Synedriums, des jüdischen Gerichtshofes, und der Hohepriester rasch bestätigen.

Aber jede Unwägbarkeit kann ich nicht voraussehen. Ich muss mein Schicksal nehmen wie es kommt. Gott helfe meiner armseligen Seele!

Ein Schwachpunkt in meinem Plan ist, daß ich nicht zu dem mir genehmen Zeitpunkt zu den Priestern gehen kann und sagen: „He, da bin ich! Nehmt mich JETZT fest und verurteilt mich rasch, denn ich habe einen Zeitplan."

Sie werden natürlich wissen, daß ich in der Stadt weile, doch sie wissen auch, meine Anhänger sind mit mir und werden mich niemals kampflos ausliefern.

Möglich, daß ihnen das Fest als Zeitpunkt meiner Verhaftung überhaupt als zu riskant erscheint. Jedenfalls, wenn überhaupt, werden sie sich wohl tagsüber nicht an mich heranwagen. Es werden meine Anhänger um mich sein, und unzählige Pilger bevölkern dicht gedrängt die Stadt. Am hellen Tage wird die Obrigkeit sicher keinen Angriff auf mich wagen. Ein dadurch entstehender Tumult könnte in ein un-übersehbares Blutbad ausufern. (Mt 26. 5)

Ich nehme an, die Schergen werden im Schutze der Nacht kommen, und eben dies ist eine große Gefahr für mich, denn in dem nächtlichen Kampfgeschehen könnte ich allzu leicht verletzt oder schlimmstenfalls sogar getötet werden. Ich muss den Zeitpunkt meiner Festnahme selbst bestimmen können, und die Festnahme muss zu meiner eigenen Sicherheit in aller Ruhe geschehen.

Ich überlege: Sie werden keine Fackeln entzünden und daher in der Dunkelheit kommen. Sie müssen dennoch rasch erkennen können, wo ich mich befinde, um meiner ganz schnell habhaft werden zu können. Die Häscher werden mit heftiger Gegenwehr rechnen und ihre blanken Waffen in den Fäusten halten.

Sie müssen sofort merken, daß es von unserer Seite keinerlei Gegenwehr gibt, dann wird auch ihre gespannte Nervosität nachlassen, die mir leicht zum Verderben werden könnte.

Ich muss also meine Jünger in meine Pläne jedenfalls so weit einweihen, daß sie keine Gegenwehr leisten.

Vorteilhaft wäre es, wenn ich mich von unserer Gruppe etwas entfernt aufhalten würde. Ich müsste den Häschern ein kleines Stück entgegengehen um sie, etwas abseits meiner wehrhaften Jünger, dort zu erwarten und mich ohne zu wehren abführen lassen.

Wie mache ich das am Besten?

Und wenn ich jemand schicke, mich zu „verraten"? Jemand, der sich als Verräter ausgibt, sich vielleicht um der größeren Glaubwürdigkeit willen auch noch bezahlen lässt?

144

Ja, das könnte gehen! Doch wen meiner Jünger bitte ich um diesen Gefallen?

Wen kann ich nun tatsächlich als „Verräter" auswählen?
Den Philippus? Nein, er ist zwar loyal, aber in seinem Eifer nicht glaubwürdig. Er würde zu sehr übertreiben.
Thomas? Ein junges Füllen, lieb aber unzuverlässig. Ihn könnte im entscheidenden Moment der Mut verlassen.
Petrus? Auch nicht, ein jähzorniger Starrkopf. Es würden Wochen vergehen, bis er meinem Plan zustimmen würde.
Johannes? Nein, zu einfältig.
Natürlich. Daß mir das nicht gleich eingefallen ist – der schlaue Iskariot – ein gewitzter Mann: Ruhig und überlegend handelnd, aber doch stets mein Tun aufmerksam und manches Mal auch kritisch beobachtend, hat er mein vollstes Vertrauen.
Nicht ohne guten Grund habe ich ihn als Vertrauensperson über unseren gemeinsamen Geldbeutel gestellt. (Sehr zum Unmut der Pharisäer, die mir vorhielten, ich würde Armut und Aufgabe aller irdischen Güter predigen und hätte einen eigenen „Schatzmeister.")

Ja, Judas Iskariot werde ich beauftragen, mich zu „verraten."
Wenn wir es richtig anstellen, kann er die Schergen führen und mich – vielleicht durch eine Geste – den Häschern bezeichnen. Diese können mich dann gezielt ergreifen, müssen in der Dunkelheit nicht lange nach mir suchen.
Es wird keinen Tumult und keine gefährlichen Kämpfe geben. Hoffe ich jedenfalls.

Ich werde den genauen Ablauf noch mehrmals überdenken müssen, doch ich glaube, so müsste es gehen, denn körperlich bin ich in bester Verfassung, und diesmal ist meine Zeit gekommen, denn alle Voraussetzungen erscheinen mir günstig.

Viele Stunden kann ich mit meinen hageren aber muskulösen Armen mein Körpergewicht halten. Ich bestehe beinahe nur noch aus Muskeln und Sehnen. Irgendwie muss ich es noch einrichten, daß Wein bereitsteht, wenn sie mich ans Kreuz gebunden haben. Den benötige ich unbedingt. Darauf kann ich nicht verzichten. Drei bis vier Stunden am Kreuz ohne Wein wäre die schlimmste Marter für mich.

Das muss der Ratsherr Joseph von Arimathäa arrangieren. Er ist ja von meiner Idee, mich kreuzigen zu lassen und von den Toten aufzuerstehen, sehr stark angetan. So stark, daß er sogar ein neues, noch nie benutztes und daher reines Grab für mich bereitgestellt hat – seit langem, und für alle Fälle...
(Jh 19. 41)

Heute habe ich wieder wie beiläufig meinen Jüngern gesagt, ich rechne damit, daß die Häscher der Priester mich in Jerusalem gefangen nehmen könnten, und dies würde unweigerlich zu meiner Hinrichtung führen.

Sie aber müssten sich nicht ängstigen und es einfach geschehen lassen, denn ihnen würde kaum etwas angetan werden, und ich würde den Priestern schon beweisen, daß ich unsterblich sei. Sie sollten nur wachen und erkennen, wann der Gesalbte kommen würde. (Mk 13.35)

„Aber Meister, wenn du nicht mehr unter uns weilst, wer soll dann der Führer sein unter uns?", fragten sie ängstlich.

Ich war etwas verärgert. Statt mich davon abringen zu wollen, nach Jerusalem zu ziehen und mich der Todesgefahr

146

auszusetzen, machten sie sich nur Gedanken über einen möglichen Nachfolger! Und so sprach ich: „Viele werden die Letzten sein, die jetzt die Ersten sind, und viele werden die Ersten sein, die nun die Letzten sind. (Mk 10. 31)

Macht euch keine Sorgen, es ist noch ein wenig Zeit bis dahin, und die Welt wird mich nicht mehr sehen, ihr jedoch werdet mich sehen. Denn ich werde leben und ihr sollt auch leben." (Jh 14. 19)

Nun fiel mir jedoch ein, ich könnte ja bei meiner Kreuzigung tatsächlich sterben. Ein dummer Fehler in meiner Planung, etwas nicht Vorhersehbares könnte meinen leiblichen Tod herbeiführen.

Für diesen Fall musste ich ihnen eindringlichst erklären, daß nur **meine** Lehre die einzig Wahrheit ist.

Daher sprach ich: „Eines jedoch ist sehr wichtig, und das müsst ihr euch fest einprägen: Es werden nach mir viele in meinem Namen kommen und sagen: >Ich bin der Christus< und werden versuchen, viele von euch zu verführen (Mt 24. 5)

Auch werden viele falsche Propheten kommen und viele, die behaupten werden, sie seien die einzig wahren Erlöser. Alle diese Lügner werden große Zeichen und Wunder tun und auch diese werden versuchen, euch zu verführen, doch glaubt ihnen nicht." (Mt 24. 24)

„Aber Meister," antworteten sie, „wie sollen wir dann wissen, ob nicht du es bist, der einen Nachfolger gesandt hat, oder ob du nicht etwa selbst auferstanden bist und nun tatsächlich vor uns stehst und nicht jemand, der dir ähnlich sieht? Wie sollen wir wissen, ob nicht ein Betrüger vor uns steht, der behauptet, er hätte Vollmacht von dir und wäre dein Stellvertreter auf Erden?"[70]

„Da habt ihr wohl recht, doch es ist ganz einfach: Wenn ich vor euch stehe, und ihr erkennt mich nicht mehr, oder ich tatsächlich einen von mir bestellten Stellvertreter sende, so werde ich mich – oder mein Stellvertreter – dadurch zu erkennen geben, daß ich – oder er – die Frage stellt: >**Wer war Abrahams Vater?**<
Wenn ich also zu euch spreche, werdet ihr wissen, ich, Jeshua von Nazareth, stehe wahrhaftig vor euch oder habe einen wahrhaften Vertreter gesandt. Also, merkt euch diese Worte gut."

„Wer war denn nun Abrahams Vater? Wir wissen es doch nicht. Was sollen wir dir antworten?"

„Ihr unverständiges Pack!

Ihr sollt gar nichts antworten. Ich, oder mein Stellvertreter, weiß ja doch, daß ihr meine Jünger seid. Wir nennen nur das Losungswort für **euch**. Damit ihr erkennen mögt, ich bin es oder er ist es wahrhaftig und nicht irgend ein Betrüger."
„Aber ich hätte es schon gerne gewusst", meinte Simon.
„Was?"
„Wer des Abrahams Vater war."
„Also gut, er hieß Thara. (Jos 24. 2) Bist du nun zufrieden?"
„Ja, Meister. Also wenn jemand kommt und fragt: >Wer war Abrahams Vater?< antworten wir: >Thara.<

---

[70] Etwa ein Papst!

148

„**Nein!** Ich sage: >Wer war Abrahams Vater<, und ihr müsst gar nichts antworten. Das ist doch nur dazu vorgesehen, damit ihr wisst, ich oder mein echter Stellvertreter stehen leibhaftig vor euch und nicht irgend jemand anderer, der sich für mich ausgibt. Verstanden?"

„Ja, jetzt haben wir verstanden – aber Abrahams Vater hieß Thara?"

„Ach lasst mich in Ruhe, ihr Dummköpfe!", schrie ich wütend.

„**K**omm zu mir Judas, ich habe mit dir zu reden." Ich zog Judas hinter die Mauern eines verfallenen Hauses, damit uns die anderen Jünger nicht hören konnten. „Was ich dir nun sagen werde, Judas Iskariot, ist für mich von sehr großer Wichtigkeit, und ich kann es nur jemandem sagen, dem ich vertraue."

Judas sah mich aufmerksam an und nickte: „Du kannst mir vertrauen, mein Meister!"

„Das weiß ich wohl, mein guter Judas, und nun merke auf. Wenn wir in wenigen Tagen in Jerusalem sein werden, werde ich dir bei Sonnenuntergang auftragen, du sollst zu den Priestern und Pharisäern laufen und ihnen anbieten, mich ihnen zu verraten. Sage ihnen, wenn sie dir Geld geben, verrätst du ihnen, wie sie mich ganz leicht fangen können. Sage ihnen, ich wäre unbewaffnet, würde mich von meinen Jüngern, die zu jener Zeit bereits schlafen würden, üblicherweise zum Gebet entfernen, und sie könnten dann leicht und ohne Kampf meiner habhaft werden."

„Meister, was sagst du da? Ich werde dich doch nicht verraten."

„Judas Ischariot, **ich** weiß, du bist kein Verräter. Du sollst nur so tun, als ob du mich verraten würdest, denn ich habe einen Plan und dazu muss ich vor den Hohen Rat. Und nur du kannst mir dabei helfen, wenn dieser Plan gelingen soll, ohne, daß ich dabei zu Schaden komme, verstehst du? Du musst zu einer ganz bestimmten Zeit zu den Priestern gehen, damit sie mich zu dem Zeitpunkt, den ich dir noch nennen werde, ganz ohne Kampf verhaften können. Das ist mein Plan, und ich will es so!"

„Aber Meister, weshalb soll ich Geld verlangen? Sie werden mich darob ansehen wie einen ganz besonders üblen Verräter."

„Genau, das sollen sie auch annehmen, und je eindringlicher du sie bedrängst, desto rascher werden sie kommen.

Und merke wohl, es ist für mich von ungeheurer Wichtigkeit, daß sie dann so rasch wie möglich kommen, jedenfalls noch in jener bestimmten Nacht.

Wenn dir das nicht gelingt, musst du zusehen, wie du mir schnellstmöglich von deinem Misserfolg berichtest. Ich werde in diesem Falle, auch damit den anderen Jüngern nichts geschieht, mit all meinem Gefolge eilendst entweichen müssen, denn mein Plan kann dann nicht mehr gelingen. Die günstige Zeit dafür ist dann – vielleicht für immer – vertan."

„Meister, ich will tun, was du mich geheißen, doch wie viel Geld soll ich verlangen? Fünfzig Silberlinge?"

„Oh Judas, für mich könntest du sicher zweihundert Silberlinge verlangen, denn sie sind ganz wild darauf, mich kampflos in ihre Hände zu bekommen Und wenn **du** ihnen meine Gefangennahme ohne Blutvergießen ermöglichst, ist ihnen dies sicher etwas wert.

Doch nein, ich möchte dich nicht in Gefahr bringen, wenn du ihnen allzu geldgierig erscheinst. Sie könnten auf deine Forderung erst zum Schein eingehen und dich dann ebenfalls in den Kerker werfen, um dir das Geld wieder abzunehmen. Vielleicht würden sie dich sogar töten, und dies wollen wir keinesfalls riskieren.

Verlange einen geringen Betrag, den werden sie dir gerne geben, etwa dreißig Silberlinge. Das ist wohl das Blutgeld für einen Nichtjuden, darum werden sie es dir wegen der Geringfügigkeit nicht neiden. (Mt 26. 15)

Auch werden sie dich fragen, weshalb du mich verrätst. Sage ihnen einfach, du möchtest schon länger weg von mir, da du meine Worte immer weniger verstehst und mich für wahnsinnig hältst, doch hast du um meinetwillen all dein Habe und Gut aufgegeben und hast nun nicht das Geld für das Nötigste.

Und noch etwas: Weise darauf hin, daß meine Jünger ähnlich denken wie du und sich alle von mir lossagen möchten. Dann werden die Priester – haben sie mich erst einmal in ihrer Gewalt – ihnen nicht länger nachstellen."

„Gut, Meister, ich werde tun wie du mich geheißen hast. Doch sind sie deiner habhaft geworden, wirst du ihnen nicht mehr entrinnen können."

„Das will ich ja gar nicht, mein lieber Judas, sie werden mich gefangen nehmen und verurteilen, doch sie können mich nicht töten."

„Weil du der Christus bist?"

„Ich bin nicht Christus, denn dazu müsste ich von den Priestern gesalbt sein."

„Aber Herr, sie werden dich dennoch kreuzigen."

„Mein lieber Judas, mache dir keine Sorgen! Mir kann nichts geschehen. Sie können mich nicht töten, und wenn sie dies erkannt haben, dann werden sie endlich begreifen, wer ich tatsächlich bin."

„Aber ich bin sehr besorgt um dich, Meister! Sie werden dich töten und die anderen werden mich einen Verräter nennen!", klagte Judas.

„Ich werde auch den anderen Jüngern alles erklären, und sie werden es verstehen. Gleichgültig, was mit mir geschieht, denke immer daran, die Priester können mich verurteilen, sie können mich auch kreuzigen, sie können mich jedoch nicht töten. Vertrau mir, Judas Iskariot, denn niemand nimmt das Leben von mir, sondern ich lasse es von mir selbst und habe Macht, es mir wieder zu nehmen. (Jh 10. 18)

Heute waren alle ganz aufgeregt. Judas hat nicht geschwiegen! Er wollte nicht als angeblicher Verräter angesehen werden und hat den anderen meinen Plan enthüllt.

So wussten nun alle, Judas würde auf ein Zeichen von mir hingehen und mich den Priestern ausliefern.

Obwohl sie sich mehr Sorgen und Gedanken um ihr eigenes Wohlergehen als um meines machten, riefen sie dennoch: „Rabbi, das ist doch Wahnsinn. Nur ein geistig Verwirrter würde so etwas tatsächlich planen. Weshalb willst du deinen sicheren Tod herbeiführen? Und wann wirst du dem Volk deine große Verkündigung halten? Du wirst dazu keinerlei Gelegenheit mehr haben und hast bis jetzt immer nur gesagt, deine Zeit wäre noch nicht gekommen. Dein Leben wird beendet sein, ehe du den Juden dein Erlösungsprogramm konntest verkünden."

Und ich antwortete ihnen wahrheitsgemäß: „Denkt doch einmal mit: Die Priester trachten mir seit Längerem nach dem Leben, das wisst ihr nur zu gut. Wenn ich nichts unternehme, muss ich damit rechnen, daß sie mich irgendwann, zu einem für mich ungünstigen Zeitpunkt an einem für mich ungünstigen Ort fangen. Es könnte zu einem Kampf kommen, sie könnten mich ohne Gerichtsverhandlung gleich an Ort und Stelle steinigen oder erschlagen. Ich hätte keinen Einfluss darauf und ginge in den sicheren Tod.

So jedoch kann ich ganz genau planen und vorhersehen, was sie machen werden:

Sie müssen mich so rasch wie möglich am Tag vor dem grossen Sabbat vor Gericht stellen und verurteilen. Da ich aus Galiläa stamme, ist Herodes für die Bestätigung des Urteils zuständig. König Herodes ist mir allerdings wohlgesonnen, und dies ist mein größtes Problem. Was, wenn er mich begnadigt? Nun gut, das entscheide ich, wenn es so weit ist.

Der Prokuratur Pontius Pilatus hingegen wird darauf dringen, daß das Urteil der Priester nicht durch Steinigung oder Enthauptung vollstreckt wird, sondern durch die bei den Römern übliche Todesstrafe der Kreuzigung, und darauf bin ich – wie ihr ja aus meinen Kraftübungen wisst – bestens vorbereitet. Aus vielerlei Gründen, die ich euch jetzt nicht darlegen will, muss all das eben nun und jetzt zum bevorstehenden Passah Fest stattfinden.

Vertraut mir, sie können mich nicht töten, und ich werde weiterhin unter euch weilen und als von den Toten auferstandener aller Welt mein Heilsversprechen verkünden. Wozu denkt ihr, habe ich all die Jahre meine Muskeln gestählt? Und alle, die mich jetzt verfolgen, werden dann erkennen: Sie können mir nichts anhaben! Denn der Vater im Himmel ist mit mir.

Der Jünger Simon hub an zu sprechen: „Rabbi, was aber, wenn uns die Pharisäer bereits bei unserer Ankunft in Jerusalem erwarten? Dann braucht dich Judas nicht mehr zu verraten, denn dann werden sie schon eher über uns herfallen."

„Simon, deine Worte sind weise", sagte ich, „ja, du hast recht, natürlich wissen sie, wir werden kommen und werden uns vielleicht bereits erwarten.

Lasse mich kurz überlegen, was da zu tun sei.

Aber ja, ich habe da eine Idee, wie ich diese Gefahr, daß sie mich bereits beim Einzug in Jerusalem fassen könnten, von mir abwende. Judas muss ihnen vorankündigen, er werde ihnen rechtzeitig mitteilen, wie und wo sie mich gefahrlos überraschen können.

Wenn er vorab die Priester von seinem Plan unterrichtet, ist auch die Gefahr gebannt, er könnte nicht die richtigen Leute zeitgerecht erreichen.

Ja, das ist gut. Andernfalls wäre die Gefahr groß, sollte er erst während unseres letzten Mahles seinen vorgetäuschten Verrat begehen, daß etwa der Hohepriester Kaiphas unterwegs und nicht zu erreichen wäre. Es würde mein Zeitplan ins Wanken geraten. So jedoch werden Kaiphas und die Schergen auf Judas warten.

Mein Plan wird also darauf aufgebaut, dass die Häscher erst kommen werden, nachdem Judas sie davon unterrichtet hat, wo sie mich am Einfachsten und ohne die Pilgermassen in Aufruhr zu versetzen, fassen könnten."

Also sprach ich zu Judas Iskariot:

„Judas, du machst dich vor uns auf den Weg nach Jerusalem und erzählst den Priestern, du könntest es so einrichten, daß sie mich ohne Kampf nächtens in Gethsemane fangen könnten. Wenn sie denken, sie wären sich meiner ohne Kampf und Aufruhr sicher, werden sie es nicht riskieren, uns schon vorher anzugreifen. (Lk 22. 4)

154

Wir sind nun wieder allesamt in Bethanien bei Lazarus und lachen über seine gelungene „Auferstehung".

Dann wird es wieder besinnlicher, wenn wir daran denken, daß wahrscheinlich meine Kreuzigung in wenigen Tagen bevorsteht. Und abermals warne ich ihn vor den mordgierigen Priestern und empfehle ihm, wenigstens vorübergehend Bethanien zu verlassen. Doch er winkt ab und meint: „ Sie werden mich doch nicht tatsächlich töten wollen, nur weil ich von den Toten auferstanden bin und mich für Geld anfassen lasse."

Ich bin mir da nicht so sicher und wieder kommt mir mein eigenes riskantes Vorhaben in den Sinn.

Obwohl gut durchdacht und überlegt geplant, kann mein Plan auch scheitern. Was kann alles geschehen, was nicht vorhersehbar war?

Wenn mich solche düsteren Gedanken überkommen, greife ich zum Krug, obwohl ich es eigentlich gar nicht will. Wein trägt mich über die Abgründe meiner Ängste hinweg und verwischt die allzu düsteren Bedenken. Wein bringt mir jene Euphorie, die mein Vorhaben verlangt. Wein bringt mich Gott Yahweh, unserem Vater, näher – vielleicht für immer?

Wir besuchten auch Simon, den ich leider nicht hatte dauerhaft vom Aussatz heilen können,[71] und saßen zu Tisch, als ein Weib zu uns trat und mir aus einem Krüglein etwas von ihrem sehr teuren Nardenöl auf mein Haupt goss. (Mk 14. 3) [72]

---

[71] abermals ein Beweis dafür, daß Jesus doch kein Wunderheiler war.

[72] Widerspruch zu Jh 12. 3.

In Mk 14. 9 kündet Jesus zukünftige Evangelien an. Da er jedoch von der sehr nahen Endzeit absolut überzeugt war, war es nie seine Absicht, Pläne für die fernere Zukunft zu machen. Aussagen über zukünftige Evangelien oder über die Gründung einer jüdischen

Einige aber gönnten mir nicht, daß ich nun ein Gesalbter war, wenn auch nicht durch die Salbung der Priester. Sie schalten das Weib, sie hätte dieses Öl besser verkaufen und den Erlös an die Armen verteilen sollen, anstatt es solch einem Herumtreiber wie mir zukommen zu lassen.

Wie Stiche fühlte ich diese Worte in meiner Brust. Ich konnte predigen, was ich wollte, ich konnte Kranke heilen und Tote wieder leben lassen. Das Volk sah in mir immer und ewig den unehelich empfangenen Trunkenbold. Indes sprachen sie doch selbst alle dem Weine zu, und wer von ihnen weiß schon mit Sicherheit, wer sein Vater ist?

Es hat sich nichts geändert, seit meiner freudlosen Jugend in Nazareth. Ich habe genug von alledem. Genug von diesem verfluchten Leben. Und wenn ich in wenigen Tagen am Kreuz tatsächlich sterben sollte, so ist mir dies auch gleichgültig.

Ich habe es satt, als Scharlatan verlacht oder mit Steinigung oder Kreuzigung bedroht zu werden. Ich will endlich meinen Frieden, meinen mir zustehenden Ruhm.

Wenn ich schon keine Anerkennung finde, dann wenigstens nicht ständige Anfeindung, ja sogar Hass und Neid wegen ein paar Tropfen Salböl!

Im Tod werden sie mich ehren, und die Augen werden ihnen aufgehen ob meiner Weisheit. Und meinen Jüngern, meinen engsten Vertrauten, die an mich glauben, wird meine Auferstehung Mut und Zuversicht für ihre schwere Mission geben und auch ein Argument, wenn sie den Juden in meinem Namen meine Botschaft predigen.

Sekte, (Mt 16. 18) deren Vorsteher der Raubmörder Petrus (Ap 5. 1-10) sein sollte, kann Jesus nie gemacht haben.

Ich werde ein Mythos sein, auch wenn ich als Gekreuzigter als verflucht gelten werde. (Deut 21. 23)
Ich werde auferstehen und unbehelligt und geruhsam in dem mir zustehenden Frieden leben. Möglich, ich nehme einen anderen Namen an und ziehe an einen anderen Ort. Damascus wäre fein.

„**W**as du tust, das tue bald. Packe deine Sachen und ziehe los, Judas! Den Geldbeutel lass hier! Und Gott sei mit dir! Wir sehen einander, ehe wir in Jerusalem einziehen. Da kannst du mir dann auch berichten, wie die Obrigkeit deinen Verrat aufgenommen hat und ob mein Plan aufgehen wird. Gehabe dich wohl!"
Judas folgte gehorsam meinen Anweisungen und ging ohne jedes weiteren Wortes seines Weges.
„Und Judas", rief ich ihm nach, „wenn du schon in der Stadt bist, kümmere dich um das Passah-Lamm und sieh dich um, daß du für uns einen Platz findest, wo wir das Mahl gemeinsam einnehmen können."

„Ja, Meister, ich werde alles erledigen, und wenn alles in Ordnung ist und dir keine Gefahr droht, wird ein Knecht mit einem Wasserkrug beim Stadttor auf euch warten." (Lk 22. 10)

Schweigend zogen wir aus Bethanien fort gen Jerusalem.
Jeder hing seinen eigenen Gedanken an.
Wir wanderten langsam. Niemand schien Eile zu haben oder
war begierig, rasch nach Jerusalem zu kommen.
Wir wussten, abends werden wir uns vor meiner Gefangennahme zum letzten gemeinsamen Mahle zusammenfinden.
Ich werde noch ein wenig Zeit finden, um nach dem Speisen
einen letzten Eintrag in diese Rolle zu machen, dann werde
ich sie dem Joseph von Arimathäa aushändigen lassen, mich
mit meiner kleinen Schar nach Gethsemane begeben und auf
die Schergen warten.

Staub bedeckte unsere Sandalen, als wir nachdenklich und
doch wieder getröstet vom Wein, Jerusalem erreichten.
Ein an einem Baum angebundener Esel erinnerte mich an
eine Prophezeiung (Sach 9. 9),[73] wonach ein König auf einem
Esel reitend in Jerusalem einziehen werde und passend dazu,
viel mir ein alter Psalm ein, den wir dann auch bei unserem
Einzug laut sangen. (Ps 118. 26)

Flugs ließ ich also den Esel losbinden um „standesgemäß" in
Jerusalem einzuziehen.
Einige Weiber riefen uns besorgt nach, was ich mit dem Esel
vorhätte, doch ich beruhigte sie und versprach, diesen alsbald zurückzusendenen. (Mk 11. 1 – 10)

---

[73] Eine Prophezeiung die sich nicht auf Jesus, sondern etwa 550 (!) Jahre eher auf einen
König und Erlöser aus der der persischen Oberhoheit bezog.

Ich sandte Petrus und Johannes vor, jenen zu sehen der ihnen mit einem Wasserkrug entgegenkommen würde.
(Lk 22. 10)

Inzwischen schickten wir uns an, alsbald in Jerusalem einzuziehen. Meine Jünger sangen mit lauter Stimme und schwerer Zunge: „Gelobt sei, der da kommt, im Namen des Herrn." [74] (Jh 12. 13)

Einige der Pilger erkannten uns und hießen uns freudig willkommen.

Die Menschen, die mich sahen, grüßten mich, warfen Palmwedel auf unseren Weg und folgten uns lachend und schwatzend.

Und das Volk verwunderte es anfangs sehr, doch dann sang es mit uns und rief:„ Das ist Jeshua, der Prophet aus Nazareth."

Bald kamen andere hinzu, und die Schar vergrößerte sich sehr. Schon kamen mir erste Bedenken. Ich wollte kein Aufsehen erregen, die Obrigkeit könnte dies als Aufruhr werten und jetzt schon eingreifen.

Doch kurz vor den Toren der Stadt kamen uns Petrus und Johannes entgegen, und indem sie uns führten, folgten wir ihnen eilig.

Zu meinem Glück war es nicht weit, und bald waren wir an unserem Ziel, und die johlende Menge zerstreute sich.

---

[74] Beachte: Im Namen des Herrn – NICHT: Als Sohn des Herrn! Oder gar – als Herr selbst!

Es war ein kleines Haus. Judas und der Hausherr standen an der Pforte und begrüßten uns.

Wir schüttelten den Staub aus der Kleidung und wuschen uns. Anschließend wurden wir über eine enge, knarrende und stark ausgetretene Holztreppe ins Obergeschoss geführt.

Der Tisch war gerichtet, Wein, Brot und Salz standen bereit, und alsbald kam der Eigentümer mit dem zubereiteten Lamm. Der Hausherr bot mir den Ehrenplatz an, an dem sonst er zu sitzen pflegt, und ließ sich rechts neben mir nieder.

Während er sich nach unserem Befinden und nach unserer Reise erkundigte, richtete einer seiner Knechte uns das Lamm zu und legte jedem von uns ein großes Stück davon vor.

Während unseres Gespräches merkte ich erstaunt und wohl auch erschreckt, daß unser Gastgeber in meine Pläne genauestens eingeweiht war. Ich sah Judas fragend an.

Beinahe unmerklich verneinte dieser mit leichtem Kopfschütteln meine stumme Frage.

Verdammt, woher hatte dieser Kerl so viel über meine Pläne erfahren? War das hier etwa eine Falle?

Noch ehe ich jedoch aufspringen konnte, um mich in Sicherheit zu bringen, beruhigte unser neuer Freund mich mit den Worten: „Wir haben einen gemeinsamen Bekannten, einen Ratsherrn, der nicht genannt werden möchte. Dieser hohe Herr hat mich beauftragt, euch bei allem behilflich zu sein und euch bei eurem Vorhaben nach Kräften zu unterstützen. Doch nun esset und lasset es euch wohlsein."

Mit diesen Worten griff er nach Brot und Salz, teilte dieses mit uns, wie es eben Brauch ist und dem Hausherrn ansteht.

„Es ist schade, daß wir das Lamm hier nicht zum morgigen Passah-Fest essen können", meinte ich, „doch ich denke, es wird uns dennoch allen vortrefflich munden."
Damit hob ich den inzwischen gut gefüllten Becher, und die anderen taten es mir gleich.
Als wir mit großem Appetit gespeist und wohl auch getrunken hatten und das Mahl beende war, wandte sich unser Gastgeber an mich und hub an zu reden: "Wenn es dir recht ist, Freund Jeshua, gehen wir deinen Plan noch einmal durch."
„Ja gerne", antwortete ich ihm überrascht, doch auch dankbar für seine Obsorge.
„Also, wir machen uns von hier aus auf den Weg nach Gethsemane. Judas wird warten, bis er denkt, wir wären da und läuft dann zu den Priestern um mich, wie angekündigt, zu verraten.
Judas, du weißt, wo ich dich erwarte?"
„Ja Herr, am anderen Ufer des Baches Kidron (Jh 18. 1), bei dem großen Dornengestrüpp, vor dem die beiden steinigen Wege sich trennen."
„Genau, ich werde dich dort erwarten. Komm vorerst alleine. Sag den Häschern, sie sollten warten, du müsstest mich erst in der Dunkelheit suchen. Nun trittst du an mich heran und flüsterst mir ins Ohr, daß alles vorbereitet wäre."[75]
Ich wandte mich nun an die übrigen Jünger: „Ihr, meine treuen Gefährten, steht bewaffnet bereit, falls die Schergen mit mir allzu brutal umgehen. Aber nehmt euch in Acht, daß ihr nicht im Tumult etwa mich erschlagt!" Sie lachten, denn so ungeschickt zu sein, hielten sie nicht für möglich.

---

[75] Dies ward später fälschlich als Judaskuss bezeichnet.

„Wenn alles gut geht, werden sie mich, ohne Probleme zu machen, binden und abführen", fuhr ich fort.

„Morgen früh werden sie mir den Prozess machen, mich zu Pilatus oder Herodes führen, um das Urteil bestätigen zu lassen und gegen die Mittagszeit – und ich hoffe, erst nachdem die Soldaten ihr Mahl eingenommen haben – werden wir hinauf nach Golgatha[76] zur Richtstätte ziehen.

Ich werde versuchen, möglichst spät diesen Gang antreten zu müssen, damit ich nicht zu lange Zeit am Kreuz hängen muss.

Sind all diese Dinge klar dargelegt, oder habt ihr noch Fragen?"

„Nein, wir verstehen alles, Meister."

„Doch Meister", warf Petrus ein, „du weißt, der Verurteilte muss den Querbalken[77] selbst tragen. Wird dir das nicht zu viele deiner später benötigten Kräfte rauben?"

„Eine gute Frage, Petrus! Jede überflüssige Anstrengung sollte ich vermeiden. Gibt es für dieses Problem eine Lösung?"

Unser Gastgeber meinte, es wäre üblich, den Querbalken selbst zu tragen. Aber im Falle, daß der Verurteilte zu schwach wäre, würde ein Anderer gezwungen, den Querbalken für ihn zu tragen. Dies sei aber eher die Ausnahme, und es sei auch nicht ehrenhaft, weder für den Verurteilten, der dann als weichlich gelte, noch für den zum Tragen Bestimmten, da er doch einen Teil des verfluchten Schandpfahles tragen müsse.

---

[76] (Schädelstätte) Die Richtstätte für verurteilte Verbrecher
[77] patibulum

„Gut, ich entscheide, was ich tue, wenn es so weit ist", antwortete ich und sah ruhig in die Runde.

„Also weiter: An der Richtstätte angelangt lege ich meine Oberkleider ab, warte bis der Querbalken befestigt ist und lege mich auf das Kreuz. Sie binden mich daran –„ ... Ich hielt inne und sah unseren Gastgeber an, der sich offenbar auf solche Dinge verstand: „Gibt es eine Möglichkeit zu bestimmen, wie brutal sie die Stricke anziehen? Kann man mit etwas Geld die Henkersknechte beeinflussen?"

„Nun, ich selbst und auch unser gemeinsamer Freund, der Ratsherr, wird anwesend sein, und wir werden versuchen, auf die Knechte einzuwirken, die Stricke nicht ungebührlich fest zu schnüren."

„Somit haben wir nun dieses auch besprochen, und ich hoffe, eure Bemühungen haben Erfolg. Es ist sehr unangenehm, wenn die Stricke stundenlang ins Fleisch einschneiden und die Gliedmaßen absterben." Ich rieb in Gedanken meine Arme und fuhr fort, während meine Jünger mich teilnahmsvoll ansahen.

„Sie richten nun das Kreuz auf, machen es in der vorbereiteten Erdgrube fest und losen um mein Gewand, wie es üblich ist. (Mt 27. 35)

Und dann beginnt das Warten....

Dann brauche ich unbedingt Wein. Hast du, verehrter Gastgeber und Freund meines Freundes, da eine Idee?"

„Hm, doch, ja. Es steht stets ein kleiner Krug mit Essig bereit, um den Verurteilten zu quälen, wenn es ihn dürstet.

Diesen Krug werden wir – wenn möglich – vertauschen. Und wenn sie dir auf einer Stange den Schwamm mit dem vermeintlichen Essig reichen, musst du eben dein Gesicht ver-

zerren, als sei das Dargereichte saurer Essig. Aber versprechen kann ich nichts."

„So sei es! Bemüht euch, dies so einzurichten. Ich brauche
diesen verdammten Wein als Stärkungsmittel!"

In Gedanken versunken, denke ich bei mir: Ich werde etwa
vier bis allerhöchstens fünf Stunden hängen, dann werde ich
das übliche Sterbegebet aus Psalm 22 sprechen – >Mein
Gott, mein Gott,[78] warum hast du mich verlassen? (Ps 22. 2) Ich
aber, ich bin ein Wurm und kein Mensch, ein Spott der Leute
und verachtet. Alle, die mich sehen, verspotten mich, sperren
das Maul auf und schütteln das Haupt: Er klage es dem
Herrn, der helfe ihm heraus und rette ihn, hat er Gefallen an
ihm.< [79] (Ps 22. 7-9) – und sinke dann scheinbar tot zusammen.
(Mk 15..34
Zu meinen Jüngern aber sagte ich: „Wenn ich mein Sterbegebet gesprochen habe und meinen Kopf scheinbar sterbend
sinken lasse, ist nun wieder euer Geschick gefordert, denn
die Schergen werden erstaunt sein, daß ich so früh schon
verstorben bin und werden vielleicht gerade deswegen meine
Beine brechen oder mir eine Lanze in den Leib stoßen wollen.
Das, Freunde, müsst ihr mit allen Mitteln verhindern. Koste
es was es wolle!" Die pure Vorstellung, nach meiner „Auferstehung" ein Krüppel zu sein, ließ mich schaudern, obwohl
die warme Frühlingsluft meinen Körper umspielte.
„Du weißt, sagte der Gastgeber, wir werden alles versuchen,
doch es darf auch nicht zu auffällig sein, denn sonst könnten

---

[78] NICHT: „Mein VATER, warum hast du mich verlassen?" Denn: Jesus wusste nicht,
wer sein leiblicher Vater war
[79] Die Umstehenden sollten den Eindruck gewinnen, Gott hätte Jesus insofern „geholfen",
daß er ihn überraschend schnell versterben ließ und so von der Qual alsbald erlöst hatte.

die Henkersknechte Verdacht schöpfen. Dann träte genau das Gegenteil von dem ein, was wir zu vermeiden trachten. Schlimmstenfalls würden sie dir die Beine brechen und zusätzlich auf dich einstechen. Du solltest jedenfalls deinen vorgetäuschten „Tod", so lange es dir körperlich möglich erscheint, möglichst spät eintreten lassen."

Bei diesen Worten fühlte ich Angstschweiß aus den Poren meines Körpers dringen. Ich sah unseren Gastgeber erschrocken an: „Du machst mir ja richtig Mut...."

„Du weißt genau, es ist ein großes Risiko! Es kann auch alles ein böses Ende nehmen. Aber wir wollen auf Gott vertrauen, und nicht das Schlimmste fürchten."

„Genau das macht mir Sorgen. Als verurteilter Verbrecher gelte ich sowohl vor dem Volk als auch vor Gott als verflucht. Was, wenn Yahweh mich verwirft? Was, wenn er Gefallen daran findet, mich leiden zu sehen? Ich beschwöre doch dieses Drama selbst herbei. Bin für meine Verurteilung selbst verantwortlich. Was, wenn Yahweh mich darob hasst? Doch nun ist es für derlei Bedenken wohl zu spät, also weiter: Zum Glück für uns ist morgen Rüsttag. Das heißt, es kommt danach ein **großer** Sabbat[80] und da dürfen keine Verstorbenen über Nacht am Schandpfahl hängen bleiben. Ihr müsst mich also noch lange vor der Dämmerung abnehmen, in Grabtücher binden, ins Grab legen, den Verschlussstein davor rollen und in eure Heimstätten eilen. Denn ihr wisst, bereits am Vorabend des Sabbat muss mit Einbruch der Dämmerung jeder gläubige Jude im Hause sein."

Wie zur Bestätigung meiner Worte sah ich in die Runde und erntete zustimmendes Nicken.

---

[80] Feiertag (kein „gewöhnlicher" Sabbat)

„Nun kommt es darauf an, ob die Römer am Grab Wachen aufstellen. Wenn sie es tun, dann ist das sehr schlecht für mich. Ich müsste warten bis ihr sie trunken gemacht oder im schlimmsten Fall erschlagen habt. Aber das wäre dann auch das Äußerste, denn wir müssten deren Leichen unauffindbar verschwinden lassen. Von der Sünde, am Sabbat solche Tätigkeiten zu verrichten, spreche ich euch frei, denn dies ist ein Notfall.

Stellen sie keine Wachen auf – warum sollten sie solches auch tun? – werde ich das Grab verlassen, nachdem das Volk und die Soldaten gegangen sind. Allerdings muss auch in diesem Falle einer von euch bleiben, um mir zu helfen den Stein zu entfernen und mich von den Leichentüchern zu befreien.

Haltet einen Esel bereit, denn ich werde mich nicht verbergen sondern sofort nach Damascus reiten."[81]

Die Jünger murmelten untereinander, denn keiner wollte derjenige sein, der in einer Sabbatnacht am Grabe wachen sollte. Schließlich warfen sie das Los, wer den nun den gefährlichen Auftrag ausführen muss, denn Tod durch Steinigung oder ebenfalls Kreuzigung steht auf derartigen Bruch der Sabbatruhe. Dies waren sich alle nur zu gut bewusst.

Ich aber fuhr fort: „Die Zeit ist günstig, denn nach dem großen Sabbat folgt der Freitag. Die Weiber aus unserer Anhängerschaft werden einkaufen, um Salböl zu richten. Ihr müsst trachten, sie davon abzubringen, noch am gleichen Tag die Salbungen durchzuführen, doch ich denke, dies werden sie

---

[81] Der geplante Fluchtort liegt nahe Damaskus und wurde später Mayum-I-Isa benannt (Wo Jesus wohnte).

ohnedies nicht vorhaben. Der nächste Tag ist der Wochen-Sabbat und da ruht abermals jede Tätigkeit. So kann ich mir einen schönen Vorsprung schaffen, und wenn die Weiber am Sonntag mit dem Salböl endlich beim Grab erscheinen, bin ich längst in Sicherheit.

„Was, Meister, sollen wir aber sagen, wenn die Weiber entdecken, daß in deinem Grab keine Leiche liegt?"

„Dann sagt ihnen, ich wäre auferstanden von den Toten, wie ich es prophezeit habe".

„Und die Priester würden das glauben? Die haben dir schon die Auferweckung des Lazarus nicht geglaubt. Sie werden dich weiterhin verfolgen, und all deine Bemühungen wären vergebens gewesen. Sie werden dich fange und erneut richten. Ein zweites Mal vergewissern sie sich mit Sicherheit, daß du tatsächlich tot bist."

„Macht euch keine Sorgen. Sagt Ihnen, ich sei auferstanden von den Toten und aufgefahren gen Himmel. Ob sie es glauben oder nicht, ist einerlei, denn ich werde erst einmal für einige Zeit verschwunden sein.

Lasst mich nun ein wenig allein, damit ich noch einige letzte Zeilen für den Ratsherrn Joseph in meine Rolle schreiben kann, und dann brechen wir gemeinsam auf nach Gethsemane."

„Herr, es gibt noch etwas zu bedenken", warf Simon ein.
„Und das wäre?"
„Es ist Brauch, zum hohen Fest einen Verurteilten freizugeben. Meister, du hast gesehen, wie die Menschen heute bei deinem Einzug in Jerusalem dich bejubelt haben. Sie werden ebenso zahlreich bei deiner Verurteilung anwesend sein und von Pilatus deine Freilassung fordern."

Mir fuhr der Schreck in die Glieder: An diese Möglichkeit hatte ich bis jetzt überhaupt nicht gedacht! Ja, es ist wahr, was Simon sagt, dieser Brauch kann für mein Vorhaben eine große Gefahr bedeuten.

„Ihr müsst einen solchen Gnadenakt verhindern", beschwor ich eindringlich meine Jünger. „Sagt allen meinen Freunden, ich wolle ein großes Wunder tun und den Priestern zeigen, das sie mir nichts antun können. Beschwört meine Anhänger, sie mögen stille sein und keinesfalls meine Freilassung fordern. Mischt euch unter das Volk, und wenn jemand anhebt zu rufen, man möge mich freigeben, seid zur Stelle und bringt ihn mit Nachdruck zum Schweigen."

Nachtrag eines unbekannten Autors:

Obwohl die Planung des Zeitpunktes hervorragend war, geschahen dennoch unvorhergesehene Ereignisse.

Judas hatte, wie vereinbart, die Schergen der Priester in dunkler Nacht nach Gethsemane geführt um ihnen Jeshua zu bezeichnen, damit sie ihn gefangen nähmen.

Allerdings verlief die Festnahme nicht ruhig und geordnet, wie geplant, denn obwohl die Knechte erkannten, daß Jeshua allein war und langsam auf und ab ging, drangen sie mit lautem Geschrei und erhobenen Waffen derart heftig auf ihn ein, daß die Jünger aus ihrem Versteck hervorbrachen, und Petrus wütend mit seinem Schwert einem der Schergen ein Ohr abschlug. (Jh 18.10)

Es gab auch einige Verletzungen unter den Jüngern, doch Jeshua blieb zum Glück beinahe unverletzt, da er sich zu Boden warf und unter ein Dornendickicht schmiegte. Lediglich auf der Stirn erlitt er durch die spitzen Dornen tiefe und stark blutende Wunden. (Dieser Kranz aus Wunden und ein abgebrochener Dornenzweig in seinem dichten Haar wurde später zum Anlass genommen, ihn zu verspotten, er hätte nichts als eine Dornenkrone vorzuweisen.)

Die Lage beruhigte sich erst, als Jeshua seine Jünger durch lautes Zurufen besänftigt hatte und sie die Waffen sinken ließen. Diesem Beispiel folgten alsbald auch die Knechte.
Jeshua erhob sich und lieferte sich den Schergen mit den Worten aus: *„Den ihr sucht ist hier, er ist unbewaffnet und friedfertig. Es ist nicht nötig, mit Waffengewalt auf ihn einzudringen. Er wird euch ohne Widerstand folgen."*

Daraufhin banden sie ihn und führten ihn ab. Auf dem Weg zum Tempel wurden Fackeln entzündet, und so dauerte es nicht allzu lange, bis sie Jeshua den Priestern ausliefern konnten, die ihn sofort, gebunden wie er war, in ein Verließ im Hause des Hohen Priesters Kaiphas warfen.
Kaiphas hatte sich sehr dafür eingesetzt, Jeshua zu töten: „Tötet ihn, ehe er das Volk in Aufruhr versetzen kann, denn dann werden die Römer blutig zurückschlagen, was viele tote Juden zur Folge haben wird. Es ist besser, ein Aufrührer stirbt, als viele des Volkes." (Jh 11, 50)
So hatte der Kaiphas gesprochen.

Den nächsten Morgen schleppten sie Jeshua vor den Richt-stuhl und klagten ihn folgender Verbrechen an. Auf jedes einzelne davon stand für sich alleine schon die Todesstrafe!

- *Mehrmaliger Verstoß gegen die Sabbatvorschrift.*

- *Auflehnung gegen die amtierende Priesterschaft.*

- *Pseudoprophetie und Vortäuschung von Wundern.*

- *Auch wurde ihm vorgeworfen, als Sohn ungehorsam gegenüber seine Eltern gewesen zu sein und diese gering geachtet zu haben*

- *Im Zusammenhang mit obigen Anklagepunkten, wurde ihm ebenfalls vorgeworfen, ein Mamser[82] zu sein. Nach gängiger Rechtssprechung neigen Mamser zu Auflehnung und Gotteslästerung. Ihre Hinrichtung erfolgt zu höherer Ehre Gottes.*

(Jeshua wurde also verurteilt, um Gott durch seinen Tod zu ehren, und nicht um irgend jemandem Sünden abzu-nehmen)

Bei dieser Gerichtsverhandlung stellte sich zum Leidwesen der Priester heraus, daß die Aussagen der Belastungszeugen – wie es Vorschrift für eine rechtskräftige Verurteilung ge-wesen wäre – nicht völlig übereinstimmten.
Doch da Jeshua nicht im Geringsten die Absicht hatte, sich zu rechtfertigen oder gar zu entlasten, konnte er dennoch,

---

[82] Illegitim Geborener

den Prozessvorschriften entsprechend, rasch zum Tode verurteilt werden.

Die gesetzliche Auflage, zur größeren Abschreckung Hinrichtungen am Vorabend eines Festes oder eines großen Sabbat[83] durchzuführen, wenn jüdische Pilgermassen aus „aller Welt" in der Stadt weilen, konnte ja nun, dank der exakten Planung des Jeshua, eingehalten werden.

Da wegen des hohen Feiertages der römische Prokurator Pontius Pilatus in Jerusalem weilte, machten die Priester gar nicht erst den Versuch, ein Urteil durch Steinigung auszusprechen, wussten sie doch nur allzu genau, daß Pilatus im Regelfall nur Todesurteile durch Kreuzigung bestätigte.

Die Gerichtsverhandlung dauerte etwas mehr als vier Stunden. Die Priester des Synedriums[84] hatten keine Mühen gescheut, noch spät in der Nacht und früh am Morgen viele Belastungszeugen zu laden, damit ihnen niemand nachsagen könne, sie hätten voreilig und ohne einer ausreichenden Anzahl an Zeugen geurteilt.

Und es war eine Vielzahl an Zeugen aufgetreten, und alle hatten ihre Anklagen vorgebracht. Oft genug sprachen sie auch falsches Zeugnis wider ihn.
Schweigend, den Kopf gesenkt und völlig ruhig, als wäre er nicht von dieser Welt, stand Jeshua – immer noch gebunden – vor seinen erbitterten Richtern. Sein Gewand hing schmutzig und zerrissen an ihm herab. Das Blut aus seinen Stirn-

---

[83] Feiertag
[84] Hoher Gerichtshof der Hohe Priester In Jerusalem

wunden war ihm teilweise bis in die Augen geronnen und nun getrocknet. Dennoch strahlte er ein ruhige Würde aus, die die Priester nervös machte. Und zu all den richtigen und erfundenen Anschuldigungen schwieg Jeshua völlig gelassen. Auch das missfiel den Priestern und machte sie misstrauisch.

Wenn man den Grund kannte, verstand man sein Schweigen. Er wollte sich nicht verteidigen und wollte nicht darauf hinweisen, daß die Zeugenaussagen nicht übereinstimmten. Denn dann wäre ja eine Verurteilung wahrscheinlich nicht zustande gekommen oder hätte sich im schlimmsten Falle wegen des doppelten Sabbats in die darauffolgende Woche verlagert. Kein erwünschter Zeitpunkt!
Jeshua wollte noch am gleichen Tage verurteilt werden, um jeden Preis! Es kümmerte ihn nicht, vor Gott und dem Volk als verflucht zu gelten. Es machte ihm nichts aus, vor aller Welt ans Schandholz gebunden zu werden.
Und genau wie er es sich so sehnlich gewünscht hatte, lautete schließlich das einstimmige Urteil:
Schuldig in allen Anklagepunkten und Tod durch Kreuzigung!

Nach der Urteilsverkündigung sah man den Richtern des Synedriums die Erleichterung an. Die Anspannung fiel von ihnen ab, denn bis zum Schluss hatten sie befürchtet, Jeshua würde auf die so offensichtlich fehlende Übereinstimmung der Aussagen hinweisen.
Was die Richter nicht ahnten: Jeshua war mindestens ebenso erleichtert zu wissen, daß sein beinahe selbstmörderischer Plan nun aufgehen würde.

Gebunden wie er war, wurde er in die Residenz des römischen Prokurators Pilatus gebracht, damit jener das Urteil der jüdischen Priesterschaft bestätigen solle.

Pilatus verachtete die Juden und fühlte sich in seiner Ruhe gestört.
Ungeduldig hörte er sich die langatmige Urteilsbegründung der Priesterschaft an, die da behauptete, Jeshua würde sich als Messias, als Erlöser, ja, sogar als Führer der Juden bezeichnen.
Er blickte den geschundenen, blutverkrustet und gefesselten vor ihm stehenden Jeshua höhnisch an und fragte sarkastisch: „**Du** also bist der neue König der Juden?"
Jeshua aber antwortete: „Das sagst **DU**!" (nicht ich) (Lk 23. 3)

Pilatus war ob dieser Antwort verärgert, dennoch trachtete er, eine tatsächliche Schuld zu finden, sah jedoch, zumindest nach römischem Recht, keine und wollte das Urteil der Priester verwerfen und Jeshua freigeben.

Man sah die Verzweiflung dem Jeshua beinahe an. So kurz vor dem Ziel hatte er sich gewähnt, und nun wollte Pilatus ihn freigeben.
Zum Glück für ihn schimpften die Priester, er sei ein Aufrührer und hätte das Volk aufgewiegelt von Galiläa bis Jerusalem. (Lk 23. 5)

Pilatus erkannte sofort, wie er seine ihm so kostbare Beamtenruhe wieder erlangen könnte und fragte Jeshua: „Stammst du aus Galiläa?" Der Gefangene schwieg, aber die Priester riefen laut: „Ja, er ist aus Galiläa!"

Pilatus ergriff sogleich die Möglichkeit, Jeshua abzuschieben und dem Herodes vorführen zu lassen. Denn als Einwohner Galiläas fiel Jeshua unter die Oberhoheit des Herodes.

Man brachte nun den hungrigen und durstigen Jeshua zum Palast des Herodes und führte ihn diesem vor. Herodes hatte schon viel über das Wirken des Jeshua vernommen und war ihm wohlgesonnen. (Lk 23. 8)

Aber einen Richter, der ihm wohlgesonnen war, konnte Jeshua gerade jetzt, kurz vor seinem Ziel, überhaupt nicht gebrauchen.
Also verärgerte er Herodes vorsätzlich und zielstrebig dadurch, daß er weder auf freundliche noch auf strenge Fragen, Antworten gab. (Lk 23. 9)
Letztlich war Herodes samt seinem Gesinde über dieses hartnäckige Schweigen derart erzürnt, daß er Jeshua, nachdem er ihm ein neues Gewand hatte geben lassen, ohne weiteren Verzug fortschaffen ließ.

Abermals wurde Jeshua zu Pilatus gebracht und abermals wollte dieser endlich seine Ruhe und Jeshua freigeben.
Die Priester jedoch schrieen: „Wir wollen ihn kreuzigen!"
Pilatus, schon erbost, rief ihnen zu, er könne keine Schuld erkennen und Herodes offenbar ebenfalls nicht, denn er hätte doch Jeshua wieder zurück zu ihm gesandt. (Lk 23. 15)

Dennoch ließ er Jeshua in den Innenhof führen und befahl den Knechten, den Verurteilten zu geißeln.

Pilatus ließ nun den bluttriefenden und sich kaum noch auf den Beinen haltenden Jeshua vor die Priester bringen um ihnen zu zeigen, er hätte ihn gebührend bestraft und wollte ihn nun freigeben.

Die Priester jedoch verdross das Verhalten des Pilatus, und sie schrieen, sie würden Pilatus beim Kaiser verklagen.[85]

Und mit den Priestern schrie das ganze neugierig zusammengelaufene Volk: „Kreuzige ihn!"

Die Jünger hatten offenbar gute Überzeugungsarbeit geleistet, denn keine einzige Stimme erhob sich und forderte, Jeshua freizulassen.

Pilatus wollte nicht noch eine Klage und eventuell sogar seine Absetzung riskieren und gab ihnen Jeshua schließlich zur Kreuzigung frei.

An dessen Stelle begnadigte er auf Wunsch der Priester und des anwesenden Volkes den kämpferischen Zelotenführer Barabbas, der ebenfalls als Erlöser aufgetreten war, jedoch der Priesterschaft, obwohl ein Mörder, wegen seines Kampfes gegen die Römer genehmer war als Jeshua, der ihre Autorität permanent in Frage gestellt hatte. (Mk 15. 15)

Pilatus war nicht sehr erfreut zu wissen, daß Barabbas wieder in Freiheit sein sollte, doch letztlich gab er nach, wusch seine Hände in einem bereitgestellten Becken[86] zum Zeichen, daß er alles getan hatte, um alle Wünsche zu erfüllen.

Er sagte zum Volk gewandt, wer nun noch Einwände hätte, solle sich an die Priesterschaft wenden und ließ Jeshua zur Richtstätte führen.

---

[85] Was sie bereits schon einmal mit Erfolg getan hatten, als Pilatus römische Schilder am Tempel aufhängen ließ und dadurch den Tempel zum Entsetzen der Juden entweihte.

[86] Wäscht die Hände in „Unschuld", entledigt sich dadurch vom eventuellen Vorwurf des Fehlurteils.

Jeshua sah erschreckend mitgenommen aus. Als ihm das Patibulum[87] auf die Schulter gelegt wurde, brach er zusammen. Keiner seiner Jünger war zur Stelle, um ihm diese Last abzunehmen. Alle hatten sich aus Angst um ihr Leben verborgen.

Mit einer schweren Geißelung hatte Jeshua nicht gerechnet. Auf solch eine körperliche Tortur war er nicht vorbereitet gewesen. Die Geißelung war für sich alleine bereits eine schwere Strafe, die sehr oft mit dem Tode endete, doch durch die von der Priesterschaft vehement geforderte nachfolgende Kreuzigung, ergab sich dadurch eine nicht vorhersehbare und durch nichts zu rechtfertigende **zusätzliche** Strafverschärfung.

Nun, Pilatus hatte es mit Jeshua nicht unbedingt schlecht gemeint. Er wollte ihm dadurch den Kreuzigungstod ersparen und eine gewisse Überlebenschance gewähren.

Judas lief, als er sah, daß die Situation außer Kontrolle geraten war, voll Entsetzten zu den Priestern und wollte ihnen das Blutgeld zurückgeben, um des Jeshuas Freiheit willen.

Doch die Priester lachten ihn höhnisch aus. Wütend warf er ihnen das Geld vor die Füsse und beschimpfte sie >Mörder.<

Wenig später fand man den Verzweifelten erhängt auf.
(Mt 27. 5)

Inzwischen hatten die Schergen einen Simon aus Kyrene dazu gezwungen, den Balken für Jeshua zu tragen. (Mt 27. 32)

---

[87] Querbalken des Kreuzes

Man musste Jeshua stützen. Immer wieder stolperte er, wankte und drohte zu stürzen.

Rücksichtslos zerrten ihn die Knechte an einem Strick, den sie um seine Arme geschlungen hatten, hinter sich her.

Seine Wunden bluteten stark, dicke, metallischgrün schillernde Schmeißfliegen setzten sich auf die unbedeckten und weit klaffenden Verletzungen und legten darin ihr Gelege ab, doch mühsam aber mit verbissener Zielstrebigkeit klomm Jeshua den Weg zur Richtstätte, die da Golgatha genannt wird, hinan.

Mit ihm gingen zwei weitere Verurteilte gen Golgatha, sie jedoch trugen ihre Balken selbst. Sie waren nicht gegeißelt worden, obwohl sie des Mordes angeklagt und schlimme Verbrecher waren.

Diese beiden Mörder gelangten vor Jeshua zu ihren Hinrichtungspfählen und wurden, nachdem man die Querbalken an den Pfählen befestigt hatte, darauf festgebunden.

Einige Umstehenden wunderten sich, daß diese verruchten Verbrecher gebunden und nicht ans Kreuz genagelt wurden, doch die Henkersknechte belehrten diese, daß Nagelungen nur als besondere Strafverschärfung vorgesehen seien, und dies wäre bei keinem der drei Verurteilten der Fall.

Überdies käme es auch praktisch nie vor, daß ein so schwer Gegeißelter, wie Jeshua, genagelt würde, da jener diese zusätzlichen Schmerzen kaum mehr empfinden würde.

Die beiden Kreuze mit den Mördern wurden aufgestellt und waren in den vorgesehenen Erdlöchern bereits festgestampft, als sich nun auch Jeshua zum Richtplatz schleppte. Simon warf das bis hierher getragene Schandholz zu Boden und tauchte in der Menge unter.

Man riss das blutige Gewand von Jeshuas Schultern. Viele seiner Wunden platzten erneut auf. Widerwillig sahen die Henkersknechte auf die nun wertlosen, blutverkrusteten Lumpen und schleuderten sie neben die Kleider der beiden Mörder. Nun warfen sie, wie bei derartigen Hinrichtungen üblich, das Los und teilten alles unter sich auf. (Mt 27, 35)

Den Essig gegen Wein auszutauschen, war den Jüngern nicht gelungen. Einer der Schergen hatte es bemerkt und Galläpfel in den Weinkrug geworfen. Nun war der Wein bitter und ungenießbar.

Das Kreuz, an dem Jeshua **festgebunden** und mit zusammengesunkenem Körper hing, wurde nun ebenfalls aufgerichtet und im steinigen Boden verkeilt und festgetreten.

Viele der Zuschauer gingen jetzt heim. Sie wollten nicht so lange warten, bis die Gekreuzigten verstorben waren. Das Warten hatte wenig Unterhaltungswert. Solche Hinrichtungen wurden erst wieder interessant, wenn den Gekreuzigten die Beine gebrochen wurden und sich in wilden Zuckungen und bizarren Verrenkungen der Todeskampf ankündigte. Etliche Juden nahmen sich vor, in einigen Stunden, rechtzeitig, ehe der Sabbat anbrach,[88] wieder zu kommen. Sie wollten sich das unterhaltsame Spektakel, wenn die Knechte mit Knüppeln auf die Beine prügeln bis die Knochen splitternd bersten, und die Verfluchten am Kreuz vor Schmerz brüllen, nicht entgehen lassen. Zu seltsam ist es, mit anzusehen, wie die Gekreuzigten nun vergeblich versuchen, sich nur mehr mit den Armen zu halten, bis auch hier ihre Kräfte erlahmen und sie letztlich, der Stütze ihrer Beine beraubt, zusammensinken. Alsbald nach Luft schnappend wie ein Fisch auf dem

---

[88] Der Sabbat beginnt bereits am Vortag bei Einbruch der Dämmerung und bereits ab da muß alle Tätigkeit ruhen.

Trockenen, sind sie nicht mehr in der Lage ihren wahnsinnigen Schmerz herauszuschreien.

Ein heiseres Röcheln ist meist das letzte Geräusch von ihnen, ehe sie, noch einige Male zuckend, ihr verfluchtes Leben zu Ehren Gottes aushauchen.

Die Pharisäer hatten sich ebenfalls entfernt, sie wollten nicht länger als unbedingt nötig bei den Verurteilten verweilen. Geblieben waren nur der Hauptmann und seine Soldaten, und diese trieben ihre derben Scherze mit den Gekreuzigten. Auch einige Weiber und wenige Apostel lungerten wartend umher.

Jeshua sank immer wieder in sich zusammen und wurde mit Steinwürfen der Knechte, die sich kaum die Mühe machten, sich aus ihrer bequemen Lage zu erheben, wieder zu Bewusstsein gebracht.

Etwa drei Stunden später schraken alle, die noch nicht gegangen waren auf, als Jeshua heiser rief: **„Eli, Eli, lama asabthani?"** [89]

Die Soldaten reichten ihm einen Schwamm mit Essig. Dann flüsterte er kaum hörbar: „In deine Hände befehle ich meinen Geist – du hast mich erlöst – mein Gott (Ps 31. 6)

Er rutschte in die Stricke und verschied. Es waren nunmehr alle Anwesenden tatsächlich davon überzeugt, daß er eben verstorben sei, selbst die Wenigen, die von seinem Plan wussten.

---

[89] Gott, Gott, warum hast du mich verlassen? Durchaus übliches Sterbegebet aus Psalm 22. 2

Inzwischen ward dem Joseph von Arimathäa angesagt, daß Jeshua offenbar tatsächlich verstorben sei.
Eilends suchte er Pilatus auf und erbat sich den Leib des Toten, um ihn gebührend zu bestatten. (Mt 27. 58)

Doch Pilatus hatte schon sehr viele Kreuzigungen erlebt und wusste, daß die Verurteilten kaum nach so kurzer Zeit bereits starben. Also ließ er den Hauptmann rufen und fragte, wie lange Jeshua denn nun schon tot wäre. (Mk 15. 44, 45)
Als es ihm der Hauptmann kundtat, überließ er Joseph den Leichnam.
Dem Hauptmann jedoch trug Pilatus auf, den anderen die Beine zu brechen, damit auch diese bald stürben und noch rechtzeitig begraben werden konnten, da doch Rüsttag war, und daher kein Verurteilter über Nacht am Kreuze hängen durfte.

Sowohl der Hauptmann, als auch Joseph von Arimathäa eilten wiederum gen Golgatha. Der eine gab Befehl, den beiden Mördern mit festen Knüppeln die Beine zu zerschlagen, der andere schnitt eilends den Leichnam des Jeshua los, war froh, daß dieser nicht genagelt war, denn ohne Werkzeug hätte er den offenbar toten Jeshua nicht so schnell vom Kreuz lösen können.
Es kam aber auch Nikodemus, obwohl Pharisäer, ein heimlicher Verehrer des Jeshua, mit Wundsalben aus Myrrhe und Aloe, um die Wunden mit dieser Heilsalbe zu behandeln, ehe Jeshua zu Grabe getragen wurde. Offenbar glaubte er, daß

Jeshua nicht wirklich verstorben war und dieser Heilsalben dringend bedürfen könnte. (Jh 19. 39, 40) [90]

Da meinte einer, Jeshua würde diese Salben ganz gewiss nicht mehr benötigen.

Und einer der Römer lachte laut und schrie: „Wer von euch Narren glaubt denn ernsthaft noch daran, diesem geschundenen Leichnam müssten seine Wunden behandelt werden? Schade um die guten Salben. Werft ihn ins Grab und seht zu, dass ihr in eure Häuser kommt."

Doch Nikodemus antwortete, es könne jedenfalls nicht schaden, die Wunden zu behandeln, nun, da er schon hier wäre, denn es wäre kein hübscher Anblick für die Weiber, wenn diese kämen anderentags, den Leichnam zu salben, und die Fliegenlarven würden aus den Wunden kriechen.

Jedenfalls ließen sich des Jeshuas Freunde nicht beirren. Sie reinigten erst die Wunden und dann den ganzen Körper, behandelten anschließend die Wunden mit den Wundsalben des Nikodemus, banden den Körper in mitgebrachtes reines Linnen und hofften im Stillen, Jeshua möge nicht wirklich tot sein oder jedenfalls seine Ankündigung, auferstehen zu wollen, wahr werden lassen.

---

[90] daß die Weiber noch keine Salben vorbereitet hatten und erst am Freitag die Zutaten für die Öle und Salben kauften, zeigt deutlich, daß nur die Männer in das selbstmörderische Vorhaben des Jeshua eingeweiht waren.

Nichts verlief mehr wie geplant: Wir holten noch in der selben Nacht den Leib des Jeshua aus dem Grab. Jeshua lebte noch, aber seine Atmung und sein Herzschlag waren so schwach, daß man sie nur erahnen konnte.

Man durfte ihn nicht bewegen, und es war uns unmöglich, ihn an einen sicheren Ort zu bringen. Wir legten ihn in ein nahes Grab und hofften, daß er nicht entdeckt werden würde. Er hatte starkes Fieber. Mit Spezereien und Heilsalben versuchten wir, ihn am Leben zu erhalten. Zwei Wochen kämpften wir um sein Leben. Immer wieder drohte sein geschundener Leib zu sterben. Das Fieber ließ tagelang nicht nach.

Es waren stets zwei von uns bei ihm. Einer beobachtete aufmerksam die Umgerbung, um das Nahen von Personen rechtzeitig zu erkennen und warnte den anderen, der damit beschäftihgte war, Jeshua den Schweiß zu wischen, Salben und Binden zu wechseln. Dazwischen immer wieder mit Essenzen aus Heilkräutern die Wunden zu reinigen und die Entzündungen zu behandeln. und ihm gezuckertes Salzwasser tropfenweise einzuflössen.

Wir konnten ihn am Leben erhalten, doch er war immer noch sehr schwach, und unsere Lage gefährlich.

Als die Priester hörten, das Grab wäre leer, gingen sie davon aus, daß er noch leben würde und aus dem Grab geflüchtet war. Einige jedoch vermuteten, die Apostel hätten den Leichnam gestohlen.

Jedenfalls suchten sie ihn überall, nur nicht im benachbartem Grab. Dennoch, Jesuah auf der Grabstätte zu lassen, wurde immer gefährlicher für uns.

Schließlich kamen wir überein, zwischen zwei Esel ein großes Linnen zu binden und ihn darin nach Damascus zu bringen.

Dies ist jedoch ein schwieriges Unterfangen, selbst wenn es brave Esel sind. Die Reise wird mindestens vier bis fünf Tagesreisen dauern. Wir waren uns nicht sicher, ob er dies überleben würde, doch wir hatten keine andere Wahl, waren wir doch selbst in ständiger Todesgefahr.

Nun, wir haben es versucht. Sind nur des Nachts gereist, und auf diese Weise hat Jeshua tatsächlich überlebt.

Er wohnt nun in einem kleinen Ort nahe Damascus, der alsbald nach ihm Mayum-I-Isa genannt wurde und versucht nicht mehr aufzufallen. Zu groß ist seine Angst, abermals am Kreuz zu enden – und dann endgültig!

◆◆◆

Die Apostel des Jeshua von Nazareth hatten nach seinem Verschwinden in Israel kaum noch Erfolge und alle belächelten sie, als sie erzählten, ihr Meister wäre von den Toten auferstanden.

Nach einem doppelten Raubmord an dem Ehepaar Ananias und Saphira (Apg 5. 5 - 10) musste sie kurzzeitig sogar flüchten und verbreiteten ihre eigenwilligen Lehren vorwiegend im umliegenden Ausland unter den dort lebenden Juden.

Später übernahm Saulus von Tarsus die Erlöseridee, nannte sich Paulus, und verbreitete diese neue Lehre – völlig entgegen dem Willen Jeshuas und trotz dessen ausdrücklichen Verbots – vorwiegend unter Nichtjuden.

Saulus/Paulus erfand die Erbsünde und verkündete, man würde schon erlöst werden, wenn man nur an Jeshua glaube.

Für diese Irrlehren trachteten die Apostel dem Paulus sogar nach dem Leben, denn des Jeshua Lehre besagte, die Erlösung werde kommen, **wenn Israel** [91] aufgehört habe zu sündigen.

Nur an Jeshua zu glauben, sei zu wenig. Und Heiden könnten ohnedies niemals das Heil erringen, gleichgültig, an wen oder an was sie glauben würden.

Widersprüche im Neuen Testament:

Der Vater Josephs hieß: Jakob   (Mt 1. 16)
                          Eli   (Lk 3. 23)

Joseph stammt ab von: Salomon (Mt 1. 6)
                          Nathan (Lk 3. 31)

Johannes der Täufer war der wiedergeborene Elia:

                          Ja   (Mt 11. 14
                          Nein   (Jh 1. 21)

---

[91] Nur Israel soll erlöst werden – niemand sonst! Doch erst, wenn die Juden nicht mehr sündigen.

Die Jünger durften etwas mitnehmen:	Ja	(Mk 6. 8)
	Nein	(Mt 10.9
		Lk 9. 3)
Des Jarius` Tochter war schon tot:	Ja	(Mt 9. 18)

Ist das eigene Zeugnis gültig?	Ja	(Jh 8. 14)
	Nein	(Jh 5. 31)

Judas hat Jesus geküsst:	Ja	(Mt 26. 49)
	Nein	(Jh 18. 5)

Nach Kreuzestod sofort ins Paradies?	Ja	(Lk 23. 43)
	Nein	(Jh 20. 17)

Jesus hat sein Kreuz getragen:	Ja	(Jh 19. 17)
	Nein	(Mt 27. 32)

Besteigt Jesus den Thron Davids?	Ja	(Lk 1. 32)
	Nein,	(Mt 1. 11)

Jesus traf Andreas und Petrus:
am See Genezareth (Mt 4. 18)
außerhalb Galiläas (Jh1. 41, 43)

Petrus glaubte, Jesus wäre der Messias, da er:
eine Vision hatte (Mt 16. 17)
es ihm Andreas erzählte (Jh 1. 41)

Jesus konnte Speise herbeizaubern   Ja   (Lk 9. 12-17)
                                           Nein   (Lk 6. 1-3)

Jesus bringt Frieden   Ja   (Mt 5. 44)
                                           Nein (Lk 12. 51)

Soll man Vater und Mutter ehren?   Ja   (Mt 15. 4)
                                           Nein (Lk 14. 26)

Soll man vergeben?   Ja   (Mt 18. 22)
                                           Nein Mt 18 15-35

Wollte Jesus eine Sekte gründen?   Ja ,   (Mt 16.18)
                                           Nein,
denn die Endzeit stünde unmittelbat bevor und eine kirchen-
ähnliche Organisation aufzubauen wäre daher Jesus nie in
den Sinn gekommen.

Herodes war Jesus gewogen   Ja   (Lk 23. 8)
                                           Nein (Lk 13. 31)

186

Das jüdische Jahr hat 12 Monate mit je 29 bzw. 30 Tagen:

Tischri (1. Tischri = Neujahr) 30	September / Oktober
Marcheschwan (Cheschwan) 29 / *30 im Schaltjahr*	Oktober / November
Kisle 29	November / Dezember
Tewet 29	Dezember / Januar
Schewat 30	Januar / Februar
Adar 30	Februar / März
Nissan 30	März / April
Ijar 30	April / Mai
Siwan 30	Mai / Juni
Tammus 29	Juni / Juli
Aw 30	Juli / August
Elul 29	August / September

Hier ist IHRE Chance auf verborgenes Wissen:

Sie haben die Möglichkeit, die Edition

„Deuteronomium 21. Vers 23"

(... denn Jesus ist verflucht vor Gott ...)

281 Seiten, 4 Bilder

direkt vom Autor, dem Religionswissenschafter und Exegeten
Dr. Nisam AlGhasali zu erhalten:

Bestelungen:

nisamalghasali@yahoo.com

religion_und_wissenschaft@yahoo.com

Die Edition **„Deuteronomium 21. Vers 23"** darf aus
rechtlichen Gründen nicht veröffentlicht werden und ist deshalb
im Handel nicht erhältlich.

**(Gilt als Religionsstörung, da selbst die nachweisliche Wahr-
heit auch heute im 21. Jahrhundert noch nicht öffentlich
kundgetan werden darf)**

Doch SIE haben ein RECHT darauf, die Wahrheit zu erfahren.

Diese nur auf **persönliche** Anforderung erhältliche Online- Edition (auch erhältlich auf CD/DVD + Porto) zeigt auf, Adam und Lilith seine **erste** (!) Frau, sowie Eva seine **zweite** (!) Frau waren NICHT die ersten Menschen. Bestenfalls die ersten Israeliten!

Die Geschichte von Noah und der Sintflut ist eine genaue Nacherzählung (und somit ein Plagiat) der Flutkatastrophe aus dem Jahrtausende eher verfassten Gilgamesch-Epos, und selbst dieses wurde schon von früheren Quellen abgeschrieben.

Die Thora (Bibel) ist NICHT die Geschichte der Hebräer als Volksgruppe, sondern nur die einer **einzigen** Familie – die des Jakob und seiner 12 verbrecherischen[92] Söhne und deren Nachfahren. (Gen 37. 18-28)

Es werden die Götzenanbetungen, die abscheulichsten Vergewaltigungen und Morde, sowie die ausschweifenden Inzestorgien der Israeliten mehr als realistisch beschrieben, so wie sie in Thora/ Bibel nur ansatzweise erwähnt werden.
Etwa wie die Töchter Lots ihren Vater betrunken machen und ihn halb bewusstlos mehrfach zum Inzest bewegen, um sich ganz bewusst von ihm schwängern zu lassen.
Oder diverse Massenvergewaltigungen bis zum Tod des Opfers, mit anschließender Zerstückelung des leblosen Körpers und Versand der Leichenteile.
Und obwohl all diese Untaten nach Gottes Gesetz mit dem Tode zu ahnden gewesen wären, blieben diese meist ungesühnt.
Klar, sonst gäbe es ja keine Nachkommen, von denen man in der Thora/Bibel 1000 Jahre später hätte berichten können!
Doch seltsam: Ein Alter, der frierend am Sabbat Brennholz gesammelt hatte, musste dafür sterben, und Onan wurde für einen

---

[92] Brudermörder , die letztlich ihren eigenen Bruder Joseph nur deswegen nicht ermordet hatten, da sie unmittelbar vor ihrem Verbrechen die Möglichkeit sahen, ihn gegen Geld in die Sklaverei zu verkaufen zu können.

Coitus interruptus (unterbrochener Geschlechtsverkehr) von Gott höchst persönlich mit sofortigem Tod bestraft.

Auch mehrere Kinder, die einen jüdischen Propheten wegen seines Kahlkopfes belachten, wurden von diesem seltsamen Gott getötet.

Doch der mehrmalige Ehebrecher und Mörder David wird von diesem Hebräer-Gott gesegnet.

ACHTUNG! Nichts für schwache Nerven!

Sie erfahren, daß Yahweh, der Gott der Juden, KEINESFALLS der Gott der Christen ist. Dieser Gott liebt nach eigenen Aussagen NUR sein „Auserwähltes Volk" – eben die Israeliten.

Alle anderen Völker hasst er und trachtet diese zu vernichten.

Lesen Sie die Edition: „Deuteronomium 21. Vers 23" und erfahren Sie die Hintergründe dieser Tatsache und weshalb dieser Gott keine Christen liebt und nach seinen eigenen Gesetzen sogar hassen muß.

Erfahren Sie, dass dieser jüdische Gott kein „Lieber Gott" ist, sondern ein vernichtender Kriegsgott, der den Geruch von verbrannten Eingeweiden liebt und selbst unter seinem „Auserwählten Volk" schreckliche Massaker angerichtet oder toleriert hat.

(Bruderkriege mit bis zu 60.000 toten Israeliten, die Zerstörung Jerusalems samt seinem eigenen Heiligtum, den Tempel, mit geschätzten 500.000 Toten, und aus neuerer Zeit den Holocaust mit vielen Millionen unschuldiger jüdischer Opfer, etc.)

Wenn dieser jüdische Gott schon mit seinem „Auserwählten Volke", welches er doch liebt, so verfährt, was denken Sie, wie gleichgültig – oder gar verhasst – ihm Menschen sind, die nicht seinem „Auserwählten Volk" angehören?

Sie glauben es nicht?

Weil Sie immer wieder und immer wieder gehört haben, der „Liebe Gott" liebt Sie?
Denken SIE etwa, dieser blutgierige Gott hätte sich in einen sanfte, liebenden Gott gewandelt, der nun auch Nichtjuden mag, um IHNEN einen Gefallen zu tun?
Sehen Sie selbst, an welchen Mord-Gott Sie glauben:

Genesis

- ➤ 6. 7 Gott ist zornig wie ein Marktweib und schwört, alle Menschen und Tiere, ja selbst Würmer und Insekten, zu vernichten. Was haben ihm die bloss getan?
- ➤ 7. 4 Gott wiederholt im Zorn (!) seinen Schwur, alles zu vernichten.
- ➤ 8. 20, 21 Noah verbrennt Tiere, und Gott erfreut sich an diesem „lieblichen Geruch"
- ➤ 17. 14 Dieser Mord-Gott verspricht, selbst Kinder auszurotten, so sie nicht beschnitten sind.   (ACHTUNG: Sind SIE beschnitten?)
- ➤ 19. 7, 8 Lot überlässt gerne seine beiden unberührten Töchter dem Mob zur Massenvergewaltigung und wird von Gott als gerecht angesehen.
- ➤ 19. 24 Gott tötet in Sodom und Gomorra alt und jung, Frauen Männer und Kinder, sogar unschuldige Babys und alles Vieh.
- ➤ 20. 3 -7 Gott bedroht den unschuldigen Abimelech mit dem Tod.
- ➤ 22. 2 Gott befiehlt Abraham zum Spass, dessen eigenen Sohn Isaak zu ermorden.
- ➤ 34. 1 ff Jakob ermordet und beraubt ganz Sichem. Gott segnet ihn dafür.
- ➤ 35. 5 Gottes Terror gegen die umliegenden Städte

Exodus

- ❖ 2.11, 12 Nachdem sich Mose vergewissert hatte, dass ihn niemand beobachtet, ermordet er einen Ägypter.
  Gott macht diesen Mörder zum Erlöser der Juden
- ❖ 4. 23 Gott droht, des Pharaos Sohn zu ermorden

- ❖ 4. 24-26 Gott versucht, Mose zu töten, weil dessen Sohn unbeschnitten ist.
- ❖ 4. 24-26 Gott macht den Pharao bewusst taub für Moses Wünsche, um Ägypten blutig zu strafen (was konnten da Bauern und Kinder dafür?)
- ❖ 9. 2- 6 Gott tötet alle Rinder (!).
- ❖ 9. 9 -12 Gott terrorisiert das unschuldige ägyptische Volk und das Vieh mit Pocken, anstatt den sturen Pharao zu töten.
- ❖ 9. 22- 25 Gott erschlägt per Hagel alle (unschuldigen) Bauern und deren Vieh auf dem Felde.
- ❖ 12. 29, 30 Nachdem der blutgierige Terroristengott dem Pharao Starrsinn eingepflanzt hatte und diesem somit die Möglichkeit nahm, zu Gunsten der Israeliten zu entscheiden, ermordet er alle erstgeborenen Kinder und Junges vom Vieh.
- ❖ 13. 2, 12, 15 Der jüdische Blutgott verlangt alle männlichen Erstgeburten als Opfer. An verbrannten Mädchen hat er kein Interesse, und diese wurden oft lebendig vergraben.
- ❖ 14. 28 Der Mordgott ergötzte sich am Anblick der ertrinkenden Ägypter im Roten Meer. 600 Rösser und mindestens 1200 Soldaten ertranken, damit sich dieser Terrorgott in seiner „Herrlichkeit" suhlen konnte
- ❖ 15. 1 Mose und seine Juden preisen ihren Gott, denn er hat Ross und Mann jämmerlich ersaufen lassen.
- ❖ 15. 3 Wahrlich, unser Gott ist ein Kriegsgott.
- ❖ 17. 14 Der Hebräergott verspricht das Volk der Amalekiter auszutilgen
- ❖ 19. 12, 13 Wer dem Berg Sinai zu nahe kommt, soll gesteinigt werden, selbst Schafe, Ziegen oder anderes Vieh. Dieser Gott muss ja panische Angst davor haben, das jemand entdecken könnte, dass auf dem Berg NICHTS ist.
- ❖ 20. 24 Gott gibt Anweisungen, wie er die unschuldigen Tiere gerne geschlachtet und verbrannt hätte.
- ❖ 21. ff Dieser Gott ist kein verzeihender Gott. Für eine Reihe von Vergehen fordert er die Todesstrafe.
- ❖ 21, 29 Wenn ein Rind jemand mit dem Horn tötet, muss es gesteinigt werden, und auch der Besitzer muss sterben. Das Rind darf nicht gegessen und auch nicht geopfert werden, dieser Feuergott mag nur verkohltes Fleisch von „braven" Rindern.
- ❖ 22. 17 Magierinnen (Prophetinnen) müssen getötet werden (!). Nur Männer dürfen prophezeien. Todsünden: Wasser brennen lassen, Wasser aus Steinen schlagen, mit erfundenen Göttern reden, Tote auferwecken, über Wasser gehen (!) etc.
- ❖ 22. 18 Wer mit Vieh fickt, muss getötet werden. Da versteht der liebe Gott keinen Spass. Massenvergewaltigung bis zum Tode des Opfers, hat für diesen Gott offenbar mehr Unterhaltungswert. (Ri 19.25, 26)

192

- ❖ 22. 19 Wer andere Götter anbetet, muss sterben. Da müsste die halbe Weltbevölkerung ausgerottet werden. Ein Freudenfest für den Judengott.
- ❖ 22. 23 Diesen infantilen Gott sollte man nicht zornig machen, denn er hat ein eigenes Schwert und verspricht, Witwen- und Waisenunterdrücker zu töten.
- ❖ 22. 28, 29 Gott fordert, der erstgeborenen Sohn und das erstgeborene Vieh muss als Brandopfer diesem „lieben" Gott dargebracht werden.
- ❖ Er liebt den „lieblichen" Geruch von verkohltem Fleisch.
- ❖ 24. 5-8 Mose verbrennt junge Stiere und besprengt mit deren Blut den Altar und das Volk. Gott gefällt so etwas.
- ❖ 29. 11ff Eine wahre Blutorgie zu Ehren YAHWEHs. So etwas gefällt im Himmel.
- ❖ 30. 19-21 Hände und Füsse ordentlich waschen, sonst tötet dich Gott.
- ❖ 31, 14 Wer am Sabbat arbeitet, muss sterben. Jetzt ist der verbliebene Rest der nichtjüdischen Erdbevölkerung auszurotten – jene, die am Freitag (Muslime) oder Sonntag (Christen) beten und am Sabbat arbeiten, müssen sterben.
- ❖ 32. 27, 28 Der Blutgott fordert Bruder, Freund und Nachbar zu ermorden. Am Ende waren es 3000! Wieder ein unterhaltsamer Tag für diesen „lieben Gott".
- ❖ 32. 35 Und weil es so spassig war, legte Gott noch eines drauf und ermordete persönlich auch noch eine grosse Anzahl.

Und so weiter ... und so weiter...

Sie werden in dieser einmaligen Edition erkennen, wie Paulus die Lehre des Jesus für seine Pläne verfälscht hatte und wie aus dieser eigenartigen Lehre unter Papst Sylvester I. und Kaiser Konstantin ab etwa 325 n. Chr. – unter Einbeziehung der im Römischen Reich weitverbreiteten heidnischen Mithrasverehrung, dessen Ursprünge sich bereits in vorbabylonischer Zeit nachweisen lassen – das sogenannte „Christentum" etabliert wurde,das mit Jesus´ Lehre absolut nichts mehr zu tun hat.

Sie können dies nicht glauben? Es ist auch unfassbar!
Deshalb hier der eindrucksvolles Beweis:

CHRISTENTUM oder MITHRASKULT?

- Sonnengott Mithras wurde von eine Jungfrau geboren.
- Mithras' Mutter wurde „Mutter Gottes" genannt.
- 25. Dezember war Mithras´ Geburtstag (heisst heute Weihnachten) und wurde früher im Christentum als Fest der **„Sonne der Gerechtigkeit"** gefeiert ehe es zum Geburtstag des Juden Jesus wurde.
- Geboren in einer Grotte (lt. Apokryphen wurde auch Jesus in einer Grotte geboren)
- Schäfer kamen,um dem Baby zu huldigen, und brachten Geschenke.
- Mithras ist Sohn des Gottvaters.
- Mithras Taufe in einem Fluss.
- Jüngstes Gericht und Auferstehung.
- Ewiges Leben durch Mithras.
- Hölle für alle, die nicht an Mithras glauben.
- Paradies für gläubige Mithras-Verehrer.
- Gemeinsames Abendmahl (Eucharistie)
- Wiederkehrendes rituelles Abendmahl (Kommunion)
- Kultischer Weihrauch (von YAHWEH streng verboten: Jesaja 66, 3)
- Lehrauftrag von Gott (seinem Vater) persönlich erhalten
- Erlösung
- Kampf gegen die Vielgötterverehrung
- Gewaltsamer Tod und Bestattung in einem (Felsen-) Grab,
- Auferstehung des Mithras nach 3 Tagen.
- Das Osterfest (Frühlingsfest) als Auferstehungsfeier des Mithras.
- Mithras hatte 12 (?) Apostel.
- Man kennt die Dreifaltigkeit.
- Leibliche Himmelfahrt des Mithras.

- Mithras wurde „Schäfer" oder „Hirte" genannt.
- Er reiste umher und lehrte.
- Wurde Sohn Gottes genannt.
- Er heilte Kranke.
- Seine Symbole: Stier, Löwe, Adler (= Symbol der Evangelisten).
- Das Auge Gottes (Auge im Dreieck – wurde „christl." Symbol).
- 15. August Maria Himmelfahrt = Himmelfahrt des Mithras´ Mutter, der ewig jungfräulichen Anahita.
- Rosenkranz (aus Astarte Kult – nachgewiesen seit 800 v. Chr.).
- 7(?) Sakramente.
- Kultische Backwaren in Form eines Kreuzes, oder mit einem Kreuz verziertes Gebäck wurde gereicht (Vorläufer der Hostie).
- Es gab im Mithraskult hierarchische Priesterkasten.
- Mithras-Priester trinken Wein im Tempel (Yahweh sagt: Todsünde).
- Mithras-Priester opfern und verwandeln Backwaren und Wein in Fleisch und Blut ihres Gottes (Heidnische Zaubermythen).
- Die Vorsteher mehrerer Mithräen nannten sich Pater Patrum („Oberster Vater" = Papa = **Papst !)**
- Der klerikale Amtstitel „Abt" hat seinen Ursprung in „Abd Mithras" (Diener des Mithras).
- Der christliche Bischufshut wird „MITRA" genannt und hat seinen Ursprung in der phrygischen Spitzhaube des Mithras.
  Papst Innozenz wurde noch mit solcher Spitzhaube
  gemalt.
- Die Tiara hat den gleichen Ursprung und wurde von den Archameniden in Abwandlung der phrygischen Mütze als kegelförmiger Turban mit Goldreifen getragen.

- Der heute christliche Bischofsstab fand außer im Mithraskult auch bei den Pharaonen, den römischen Auguren und bei Gott Osiris kultische Verwendung (Osiris ebenfalls jungfräulich gezeugt /geboren).
- Im Christentum werden Wasser und Feuer geweiht und Jeshua in Form einer mit 5 Weihrauchkörnern gespickten Osterkerze als Brandopfer dargebracht.
- Typisch heidnisches Brauchtum ist die ausgebreitete Armhaltung beim Gebet, welche im Christentum von den Anfängen bis in die germanische Zeit praktiziert wurde. Erst dann wurde das Falten der Hände immer populärer.
- Ebenso entstammt das heidnische Ritual der priesterlichen Händewaschung aus den Zeiten der blutigen Opferrituale.

Diese „christlichen" Attribute, die man Jesus nachsagt, waren alle schon Jahrhunderte eher bei Gott Mithras in Verwendung. (Jahrtausende bei anderen Götter)
Mithras in Jesus umzubenennen war nicht weiter schwierig, und alles konnte bleiben wie gewohnt. Sehen Sie selbst wie einfach es ist: Streichen Sie im obigen Text „Mithras" und fügen Sie jeweils „Jesus" ein – schon haben Sie die Basis des „christlichen" Glaubens! Streichen Sie „Jesus" und fügen Sie wieder „Mithras" ein und sehen Sie, was vor 2000 Jahren die römischen Legionäre – und heute SIE – glaubten.

Und was war der Grund dafür?
Kaiser Konstantin wollte all die im Römischen Reich vorherrschenden Sekten und Religionen vereinheitlichen. Er wollte aus staatspolitischen Gründen eine einheitliche Staatsreligion, und Papst Sylvester sah hierin eine einmalige Chance für das Papsttum und seine Religion.

Die jüdische Sekte des sogenannten Christentums machte als Religion nur etwa 9 % der Bevölkerung des Großrömischen Reiches aus. Die Anzahl der Gläubigen der jüdischen Sekte der „Papstchristen" mit einem Schlag um viele Millionen heidnische „Neuchristen" (Mithrasverehrer) zu vergrößern und dominante Staatskirche mit einer Verbreitung von bis zu 80% zu werden, war für Papst Sylvester eine zu große Herausforderung, um hier nicht zuzustimmen. Es ist doch allemal besser, Oberhaupt einer Weltreligion zu sein, die auf heidnischem Ritual aufbaut, als Papst einer verfolgten oder gar verbotene jüdischen Sekte.

Ganz ohne mühsame Missionierung, ganz ohne Aufnahmerituale, wie etwa Taufe. Einfach so! Mit einem kaiserlichen Dekret, das die Ausübung der heidnischen Kulte unter dem ursprünglichem Namen verbot und vorschrieb, die bisherigen heidnischen Rituale nunmehr unter dem Begriff „CHRISTENTUM" zu begehen.

Keine große Sache für das einfache Volk – aber eine ganz große Sache für das Papsttum.

Erfahren Sie wahrhaft Erschreckendes und schier Unglaubliches über den christlichen Glauben, und wie Päpste vom Christentum nur als FABEL sprachen und nichts anderes im Sinne hatten, als

**mit dieser Fabel
GELD
zu machen – bis heute!**

Bestellen Sie noch heute die Edition

„Deuteronomium 21. Vers 23"
(...denn Jesus ist verflucht vor Gott ...)

und erfahren Sie, an welche IRRTÜMER **Sie** glauben.

Nur bei:

nisamalghasali@yahoo.com

religion_und_wissenschaft@yahoo.com

**Und hier ist – wie versprochen – Ihr
ganz persönlicher
GUTSCHEIN
für Ihre ganz persönliche**

HEILIGSPRECHUNG

Senden Sie einfach die ISBN – Nummer vom hinteren Buchumschlag mit dem Betreff „Heiligsprechung" an:

church_of_certainty@yahoo.com
oder
church-of-certainty@gmx.net

Sie erhalten dann alle für Sie relevanten Infos samt Muster der eindrucksvollen Urkunde für Ihre eigene **Heiligsprechung,** oder auch wie Sie eine Heiligsprechung als eindrucksvolles Geschenk für (Geschäfts-)
Freunde nützen können.

Papst Benedict XIV. wurde bereits per Dekret vom 01.12. 06 von der Church of Certainty zum Heiligen erklärt.
Ebenso der Dalai Lama und Nelson Mandela

Kopie dieser Heiligsprechungsurkunden samt Begleitschreiben ebenfalls auf Wunsch erhältlich!

Eigene Notitzen